TOEIC®テスト英文法

Essential English Grammar for TOEIC® Test

アーロン キャルコート *A. S. Calcote*
岩崎光一 *Kouichi Iwasaki*
先川暢郎 *Nobuo Sakikawa*
大東真理 *Mari Daito*
矢ヶ崎邦彦 *Kunihiko Yagasaki*

NAN'UN-DO

Essential English Grammar for TOEIC® Test

Copyright © 2015

by

A. S. Calcote
Kouichi Iwasaki
Nobuo Sakikawa
Mari Daito
Kunihiko Yagasaki

All Rights Reserved.

No part of this book may be reproduced in any form without written permission from the authors and Nan'un-do Co., Ltd.

TOEIC is a registered trademark of Educational Testing Service (ETS).
This publication is not endorsed or approved by ETS.

はじめに

　進学、就職、そして、企業における昇進において、TOEICテストのスコアがひとつの条件になってきていることはご存じだと思います。言い換えれば、皆さんが人生の新しいステージの扉を開くときに、TOEICテストは避けて通ることができない存在になったということかもしれません。このような状況のため、皆さんは、TOEICテストで、ある一定以上のスコアを取得する必要性を切実に感じているかと思います。

　TOEICテストは、リスニングセクションとリーディングセクションから構成されていますが、実際にTOEICテストを受験した方は、Part 5（短文空所穴埋め問題）、Part 6（長文空所穴埋め問題）、Part 7（長文読解問題）から構成されるリーディングセクションが難しいと感じたのではないでしょうか。これらのPartの中でも、英文法についての理解度が特に問われるのは、Part 5であり、皆さんも英文法について理解を深めなければならないと感じているかと思います。

　著者が受験経験に基づき分析した結果、TOEICテストに出題される英文法項目は、皆さんが高校英語までで学んだ内容であることが明らかになりました。しかし、本書は、英文法学習参考書のようにすべての英文法項目を網羅するのではなく、TOEICテストでよく出題されるものに焦点を当てています。そして、これらの英文法項目は、TOEICテストという枠組みを越え、皆さんが日常生活やビジネス場面で英語を使用しなければならないときにも、必要不可欠なものになります。

　これまで説明してきたように、本書の目的とは、TOEICテストでよく出題される英文法項目について理解を深め、実際のテストでこれらの項目に関連した問題が出題されたときの対応力を高め、高スコアを取得することを手助けすることです。しかしながら、TOEICテストに向けて学習する真の目的は、英文法についての理解を深めることにより、国際化が進む現代社会で活躍するために必要な英語力を習得することです。皆さんがそのような力を身につけられるよう本書がその一助となれば幸いです。

著者一同

目次

はじめに		III
Unit 1	本書の使い方・英文法理解度確認テスト	6
Unit 2	品詞	12
Unit 3	比較	18
Unit 4	分詞	24
Unit 5	分詞構文	28
Unit 6	接続詞	34
Unit 7	前置詞と組みで使われる表現	42
Unit 8	代名詞	48
Unit 9	関係詞	52
Unit 10	時制1（点の概念）	64
Unit 11	時制2（線の概念）	70
Unit 12	仮定法	82
Unit 13	動詞の形	88
Unit 14	注意すべき前置詞	94
Unit 15	その他注意すべき英文法項目	102

Unit 1 ▶▶▶ 本書の使い方・英文法理解度確認テスト

1. 本書の使い方について

はじめに、「**英文法理解度確認テスト**」に挑戦して、皆さんの英文法理解度を確認しましょう。その後、それぞれの Unit では、英文法理解を深めるための「**説明**」、「**チャレンジ問題**」、「**確認問題**」に取り組み、TOEIC テスト **Part 5** と同じ出題形式の「**短文空所穴埋め問題**」を通して、実際の TOEIC テストにおける対応力を身につけましょう。

2. 英文法理解度確認テストについて

TOEIC テストのリーディングセクションの中で、英文法の理解度が特に問われるのは **Part 5** です。皆さんにもなじみのある英文法ですが、本書を通して、その理解をさらに深めることにより、**Part 5** のスコアアップだけではなく、リーディングセクション全体のスコアアップを図ることができます。まずは、テストに挑戦して、自分の英文法理解度を確認しましょう。

英文法理解度確認テスト

次の英文の空所に当てはまるもっとも適切なものを選択肢の中から選びましょう。（解答時間：15 分）

1. The group of botanists -------- the plant for the past decade in an attempt to curb its growth.

    (A) is researching
    (B) research
    (C) to research
    (D) has researched

2. ------- company's 5-year workforce restructuring plan is currently proceeding as expected.

    (A) Ours
    (B) Our
    (C) Us
    (D) We

3. Presenting photo identification ------- for all passengers over the age of 15 before boarding the ferry.

    (A) is required
    (B) requiring
    (C) is requiring
    (D) required

4. ------- a number of positive signs, people are not encouraged by the slow pace of economic recovery.

    (A) Although
    (B) Despite
    (C) During
    (D) Till

5. Hervey Bay is ------- district in the region for retailers, according to a survey by real estate services.

    (A) more expensive
    (B) most expensively
    (C) the most expensive
    (D) more expensively

6. Orange Network Inc. has offered ------- options for creating reliable network services for its customers.

    (A) variety
    (B) various
    (C) vary
    (D) variously

7. A $50-million plan ------- by the city council is aimed at redeveloping the industrial estate.

    (A) approved
    (B) to approve
    (C) approve
    (D) approving

8. The planning for next year's annual conference started -------- this year's conference ended.

    (A) even if
    (B) as soon as
    (C) unless
    (D) whether

9. ------- participant in the marathon must sign a waiver when registering his or her name at the reception.

    (A) All
    (B) Few
    (C) Every
    (D) A few

10. Guests will be asked to label their bags with stickers provided by the hotel after ------- at the hotel.

    (A) to arrive
    (B) arrived
    (C) arrive
    (D) arriving

11. The Moon Harvest Lounge in the hotel is open ------- the day and serves light meals and drinks.

    (A) in
    (B) by
    (C) until
    (D) throughout

12. Ms. Byrd usually ------- her thougths at her favorite café before the day's work starts at her office.

    (A) collects
    (B) collected
    (C) will collect
    (D) collecting

13. Ms. Alling is a customer service manager at our company -------- is in charge of customer relations.

    (A) which
    (B) whose
    (C) who
    (D) whom

14. Students who failed -------- the requirements for academic progress will be ineligible for financial aid.

    (A) to meet
    (B) meet
    (C) having met
    (D) met

15. -------- insufficient data, the public health service was unable to fully evaluate the safety of the site.

    (A) Though
    (B) Due to
    (C) While
    (D) Throughout

16. -------- at the finest farm in Chile, the grapes are always in high demand for wine brewing.

    (A) Cultivated
    (B) Cultivation
    (C) To cultivate
    (D) Cultivating

17. If Mr. Briggs ------- the office furniture by himself, it would have taken much time for him to do so.

    (A) is assembling
    (B) assemble
    (C) had assembled
    (D) will assemble

18. The movie director officially announced that further details about the movie will be revealed -------- the next few days.

    (A) since
    (B) among
    (C) for
    (D) in

19. Because of her dedication to teaching, Ms. Finley -------- the Best Teacher Award at the end of this school year.

    (A) has been receiving
    (B) was receiving
    (C) had been receiving
    (D) will be receiving

20. The -------- of Harbor Tunnel construction has been expected to solve one of Boston's chronic traffic problems.

    (A) complete
    (B) completion
    (C) completely
    (D) completed

21. Damage caused by tornadoes -------- under the standard homeowner's insurance policy.

    (A) are covered
    (B) to cover
    (C) cover
    (D) is covered

22. The Washington Monument in Washington, D.C. is said to be -------- than the Statue of Liberty in New York.

    (A) as tall as
    (B) taller
    (C) the tallest
    (D) tall

23. After a long journey, the travelers finally settled down, -------- there were not enough beds for them.

    (A) in spite of
    (B) once
    (C) even though
    (D) that

24. On the construction site, personal safety equipment such as a hard hat is essential for protection from -------- debris.

    (A) fell
    (B) falling
    (C) fall
    (D) fallen

25. Engineers consider that the development of the compact disk is as -------- as the greatest inventions of all time.

    (A) remarkably
    (B) remark
    (C) remarkable
    (D) remarking

26. The bank offers its customers a new service which allows -------- to conduct banking transactions on mobile devices.

    (A) them
    (B) its
    (C) it
    (D) theirs

27. This instruction manual tells drivers how to -------- install, adjust, and remove the convertible car seat for infants.

    (A) property
    (B) proper
    (C) properly
    (D) propertied

28. The building is a cultural center -------- visitors enjoy watching traditional dances performed by Native Hawaiians.

    (A) which
    (B) how
    (C) where
    (D) when

以下の「英文法項目対応表」で、正解または不正解だった英文法項目をチェックしましょう。そして、「英文法理解度チェック表」で、正解数に基づき、英文法理解度を確認しましょう。

英文法項目対応表

問題番号	英文法項目	Unit	問題番号	英文法項目	Unit
1.	時制2(線の概念)	Unit 11	15.	前置詞	Unit 7
2.	代名詞	Unit 8	16.	分詞構文	Unit 5
3.	動詞の形	Unit 13	17.	仮定法	Unit 12
4.	前置詞	Unit 7	18.	注意すべき前置詞	Unit 14
5.	比較	Unit 3	19.	時制1(点の概念)	Unit 10
6.	品詞	Unit 2	20.	品詞	Unit 2
7.	分詞	Unit 4	21.	動詞の形	Unit 13
8.	接続詞	Unit 6	22.	比較	Unit 3
9.	名詞(句)を修飾する語句	Unit 15	23.	接続詞	Unit 6
10.	分詞構文	Unit 5	24.	分詞	Unit 4
11.	注意すべき前置詞	Unit 14	25.	比較	Unit 3
12.	時制1(点の概念)	Unit 10	26.	代名詞	Unit 8
13.	関係詞	Unit 9	27.	品詞	Unit 2
14.	不定詞	Unit 15	28.	関係詞	Unit 9

英文法理解度チェック表

全問正解	英文法について十分に理解しています。実際のテストでは、レベルA（860点以上）に相当する実力でしょう。本書を通して、英文法の理解をさらに深め、実際のテストでパーフェクトスコアをめざしましょう。
23～27問正解	英文法についておよそ理解しています。実際のテストでは、レベルB（730～860点）に相当する実力でしょう。本書を通して、英文法の理解を深め、レベルA（860点以上）をめざしましょう。
15～22問正解	英文法についてある程度理解していますが、理解はまだ不十分です。実際のテストでは、レベルC（470～730点）に相当する実力でしょう。本書を通して、英文法の理解を深め、レベルB（730点以上）をめざしましょう。
14問以下正解	英文法について理解が不十分です。実際のテストでは、レベルD（470点以下）に相当する実力でしょう。どのような英文法項目が問われているのかが把握できておらず、理解が定着していません。本書を通して、英文法の理解を深め、上のレベルをめざしましょう。

memo

Unit 2 ▶▶▶ 品詞

　皆さんが日常生活の中で話したり書いたりする文は、品詞によって構成されています。品詞には、「名詞」、「代名詞」（代名詞の詳細は、Unit 8 を参照）「形容詞」、「副詞」、「接続詞」、「前置詞」（接続詞と前置詞の詳細は、Unit 6~7, 14 を参照）などがあります。この Unit では、**Part 5** でよく出題される「**名詞**」、「**形容詞**」、「**副詞**」に焦点を当てます。それぞれの働きや語形について理解を深めましょう。

　Part 5 では、問題文の中で、それらの品詞の働きを理解することができるかどうかが問われます。まずは、チャレンジ問題 に挑戦しましょう。そして、品詞について理解を深めましょう。

チャレンジ問題

次の英文の空所に当てはまるもっとも適切なものを選択肢の中から選びましょう。（解答時間：30 秒）

> The new ------- solution will significantly reduce the amount of waste produced from factories.
>
> (A) innovate　　　　(C) innovative
> (B) innovation　　　(D) innovatively

確認問題 1

次の英文の意味内容を考えながら、下線部の品詞を判別しましょう。

1. The <u>efficient</u> <u>operation</u> of the equipment is <u>constantly</u> considered at the factory.

2. Sales staff at the company work <u>diligently</u> to provide their customers with <u>reliable</u> service.

3. Our company's motto is to keep prices <u>low</u> so that customers can get a good value.

4. The new economic growth plan proposed by the government does not seem <u>realistic</u> at all.

5. In 1959, the company started producing its first <u>commercially</u> <u>successful</u> copy machine.

6. Our maintenance crew has worked <u>extremely</u> <u>hard</u> to repair the air conditioners in the building.

7. The company felt the <u>necessity</u> of <u>urgently</u> introducing a new mobile phone to the public.

8. After <u>carefully</u> reading the instructions, click "Start" to install the program on your computer.

1. 名詞について

　名詞は、「**生き物や事物の名を表す語**」です。まず、英語では、名詞は「**数えられるもの**」（**可算名詞**）と、「**数えられないもの**」（**不可算名詞**）に分けられます。可算名詞は「**数**」でとらえる名詞（例：*book*「本」）、不可算名詞は「**量**」でとらえる名詞（例：*water*「水」）です。

　Part 5 では、「**抽象名詞（性質・状態など抽象的な概念を表す）**」がよく出題されますが、抽象名詞は「**不可算名詞**」です。具体的には、**確認問題 1** 1. <u>operation</u>「運用」や 7. <u>necessity</u>「必要性」がそれにあたります。抽象名詞の多くは、特定の語尾を持ちます。以下の語尾パターンを覚えておけば、品詞の判別や語い力を伸ばすことにも役立ちます。

抽象名詞の語尾パターン

1. 語尾：-t(s)ion 　例 completion「完了」/ impression「印象」など
2. 語尾：-cy 　例 consistency「一貫性」/ efficiency「効率性」など
3. 語尾：-ty 　例 popularity「人気」/ variety「多様性」など
4. 語尾：-ness 　例 quietness「静けさ」/ sharpness「鋭さ」など
5. 語尾：-ment 　例 management「経営」/ supplement「補足・追加」など
6. 語尾：-ence 　例 diligence「勤勉」/ persistence「持続性」など
7. 語尾：-ism（主義・主張を表す）　例 criticism「批評」/ realism「現実主義・現実性」など

---

2. 形容詞について

　形容詞は、「**名詞を修飾する語**」です。確認問題を例に、その働きについて理解を深めましょう。

---

1. The <u>efficient operation</u> of the equipment is constantly considered at the factory.

　訳　その工場では、機器の<u>効率的な運用</u>が常に検討されます。

　訳の下線部に注目しましょう。<u>efficient</u>「効率的な」（形容詞）が、<u>operation</u>「運用」（名詞）を修飾しています。

---

2. Sales staff at the company work diligently to provide their customers with <u>reliable service</u>.

　訳　その会社の販売員は、お客様に<u>信頼していただける</u><u>サービス</u>を提供するために熱心に働きます。

　訳の下線部に注目しましょう。<u>reliable</u>「信頼できる」（形容詞）が、<u>service</u>「サービス・業務」（名詞）を修飾しています。

　形容詞の働きは、名詞を修飾することです。語順として、形容詞の後に名詞が続きます。

Unit 2　品詞

一方、以下の例文 3 のように、形容詞は keep「(人・物をある状態に) 保つ」や seem「(形容詞の) ようです」などの動詞とともに用いられることもあります。

> 3. Our company's motto is to keep prices low so that customers can get a good buy.
>
>   訳　我が社のモットーは、価格を低く保つことで、お客様が良いお買い物ができることです。

> 4. The new economic growth plan proposed by the government does not seem realistic at all.
>
>   訳　政府によって提案されたその新しい経済成長計画は、まったく現実的ではないようです。

それぞれの訳の下線部に注目しましょう。low「(価格が) 低い」や realistic「現実的な」などの形容詞が用いられています。

最後に、先ほどの抽象名詞と同様に、形容詞にも特定の語尾を持つ語が多くあります。以下の語尾パターンを覚えておけば、品詞の判別や語い力を伸ばすことにも役立ちます。

形容詞の語尾パターン

1. 語尾：-able　　例 acceptable「受け入れることができる」/ valuable「価値ある」など
2. 語尾：-s(t)ive　例 impressive「印象的な」/ innovative「革新的な」など
3. 語尾：-al　　　例 commercial「商業の」/ equal「平等の」など
4. 語尾：-ful　　　例 skillful「熟練した」/ successful「成功した」など
5. 語尾：-nt　　　例 consistent「一貫した」/ efficient「効率的な」など
6. 語尾：-ic　　　例 specific「ある特定の」/ strategic「戦略の」など
7. 語尾：-nal　　例 original「最初の・独自の」など
8. 語尾：-t　　　　例 diligent「勤勉な」/ quiet「静かな」など
9. 語尾：-us　　　例 various「さまざまな」など

3. 副詞について

副詞は、「**動詞、形容詞、他の副詞、文全体を修飾する語**」です。**Part 5** では、特に最初の 3 つの働きを問う問題がよく出題されます。また、副詞の語尾は -ly の形で終わるものが圧倒的に多いので、名詞や形容詞に比べて覚えやすい品詞です。確認問題を例に、それぞれの働きについて理解を深めましょう。

(1) 動詞を修飾する場合について

> 1. The efficient operation of the equipment is constantly considered at the factory.
>
>   訳　その工場では、機器の効率的な運用が常に検討されます。

訳の下線部に注目しましょう。constantly「常に」(副詞) が、is ... considered「検討されます」(受動態の動詞) を修飾しています。

2. Sales staff at the company <u>work</u> <u>diligently</u> to provide their customers with reliable service.

　　訳　その会社の販売員は、お客様に信頼していただけるサービスを提供するために<u>熱心に働きます</u>。

訳の下線部に注目しましょう。<u>diligently</u>「熱心に」（副詞）が、<u>work</u>「働く」（動詞）を修飾しています。

(2) 形容詞を修飾する場合について

5. In 1959, the company started producing its first <u>commercially</u> <u>successful</u> copy machine.

　　訳　1959年にその会社は初めて、<u>商業的に成功した</u>コピー機の製造を開始しました。

訳の下線部に注目しましょう。<u>commercially</u>「商業的に」（副詞）が、<u>successful</u>「成功した」（形容詞）を修飾しています。

(3) 他の副詞を修飾する場合について

6. Our maintenance crew has worked <u>extremely</u> <u>hard</u> to repair the air conditioners in the building.

　　訳　我が社のメンテナンス係は、その建物の空調を修理するために<u>非常に一生懸命</u>働いてきました。

> **注意** **hard**：この文では「一生懸命に」という意味の「副詞」として用いられています。このように、例外的に語尾が -ly の形で終わらないものもあるので注意しましょう。*hardly* という「副詞」の形もありますが、「ほとんど～ではない」という意味です。

訳の下線部に注目しましょう。訳からも分かるように、<u>extremely</u>「非常に」（副詞）が、<u>hard</u>「一生懸命に」（副詞）を修飾しています。さらに、これら2つの副詞が、*has worked*（現在完了形の動詞）「働いてきました」を修飾しています。

これまで例にあげた「**動詞**」、「**形容詞**」、「**他の副詞**」以外にも、「**動名詞（～すること）**」や「**分詞構文**：動詞が現在分詞（-*ing*）や過去分詞（-*ed* *不規則変化もあるので注意）の形になったもので文が始まる」（詳細は、Unit 5 を参照）において、動詞の働きをする部分を修飾するために副詞が用いられます。

(4) 動名詞を修飾する場合について

7. The company felt the necessity of <u>urgently</u> <u>introducing</u> a new mobile phone to the public.

　　注　*feel the necessity of ～ ing*「～する必要性を感じます」
　　訳　その会社は人々に携帯電話の新機種を<u>早急に発表する</u>必要性を感じました。

訳の下線部に注目しましょう。<u>urgently</u>「早急に」（副詞）が、<u>introducing</u>「発表すること」（動名詞）を修飾しています。

(5) 分詞構文の副詞節の中にある動詞を修飾する場合について

分詞構文は以下のように、「**副詞節**」と「**主節**」で構成されます。

Unit 2　品詞　15

> 8. After carefully reading the instructions, click "Start" to install the program on your computer.
>   　　　副詞節　　　　　　　　　　　　　　　　　　主節
>   主節とは「**文の中心＝文中においてもっとも伝えたい情報**」です。

➡ 副詞節に注目しましょう。

> 8. After <u>carefully</u> <u>reading</u> the instructions, click "Start" to install the program on your computer.
>
>   訳　取り扱い説明書を<u>注意して読んだ</u>後で、「スタート」をクリックしてプログラムをコンピュータにインストールしてください。

訳の下線部に注目しましょう。<u>carefully</u>「注意して」（副詞）が、分詞構文の副詞節の中にある <u>reading</u>「読んだ」（動詞）を修飾しています。（分詞構文における副詞節と主節の関係については、29 ページを参照）

また、副詞は形容詞とは異なり、動詞を修飾する場合には、その位置が決まってません。つまり、動詞の前後に置かれるので注意しましょう。

Part 5 では、品詞の問題を解くときは、品詞の文法的知識があれば、問題文の空所の前後に注目するだけで正解を得ることができる場合もあります。しかし、確実に正解を得るためには、問題文の意味内容を確認することが重要です。

4. 品詞の判別について

確認問題 2

次の英単語の意味を選択肢から選びましょう。ただし、不要なものも含まれています。また、品詞を判別しましょう。

1. management:　意味（　　）品詞（　　）
2. skillfully:　意味（　　）品詞（　　）
3. reliable:　意味（　　）品詞（　　）
4. definitively:　意味（　　）品詞（　　）
5. persistence:　意味（　　）品詞（　　）
6. equal:　意味（　　）品詞（　　）
7. efficiency:　意味（　　）品詞（　　）
8. critical:　意味（　　）品詞（　　）
9. surely:　意味（　　）品詞（　　）
10. renewal:　意味（　　）品詞（　　）
11. consistent:　意味（　　）品詞（　　）
12. moderately:　意味（　　）品詞（　　）
13. receipt:　意味（　　）品詞（　　）
14. diligent:　意味（　　）品詞（　　）
15. thoroughly:　意味（　　）品詞（　　）

選択肢

A. 能率・効率	B. 等しい	C. 根気強さ・持続性	D. はっきりと
E. 著しく	F. 領収証	G. 適度に	H. 更新・再生
I. 信頼できる	J. 監督	K. 一貫した	L. 徹底的に
M. 経営	N. 特定の・明確な	O. 確実に	P. 批判的な
Q. 上手に	R. 勤勉な		

短文空所穴埋め問題

次の英文の空所に当てはまるもっとも適切なものを選択肢の中から選びましょう。（解答時間：4分）

1. A minimum of a 3-year experience is considered a necessary ------- to become the head chef at the restaurant chain.

    (A) qualify
    (B) qualified
    (C) qualification
    (D) qualifier

2. The newspaper article from last week received a -------- critical comment from its readers.

    (A) sharpen
    (B) sharpening
    (C) sharpness
    (D) sharply

3. It is commonly known that a computer chip is fragile and can break ------- easily when dropped.

    (A) remark
    (B) remarkably
    (C) remarkable
    (D) remarkability

4. The problem that Mr. Smits found in sending e-mail seems ------- to his computer.

    (A) specific
    (B) specifically
    (C) specify
    (D) specification

5. Product development researchers at the company spent much time in ------- discussing the results of the experiment.

    (A) energetic
    (B) energy
    (C) energetically
    (D) energize

6. The company has adopted a ------- approach to meet the increasing demands of its customers.

    (A) strategist
    (B) strategic
    (C) strategically
    (D) strategy

7. While ------- discussing the subject, participants in the workshop got to know each other well.

    (A) openly
    (B) opening
    (C) openness
    (D) open

8. Local residents ------- objected to the government's decision to build a wind farm in their town.

    (A) strength
    (B) strong
    (C) strengthen
    (D) strongly

Unit 3 ▶▶ 比較

「比較」には以下の表現があります。

- ✓ 原級（同格）による比較 *as ～ as...*「…と同じくらい～です」
- ✓ 比較級による比較　*～ er than...*「…よりも～です」
- ✓ 最上級による比較 *the ～ est*「（3つ以上の人・物を比較して）もっとも～です」

比較表現について注意したい点は、Unit 2 で説明した「形容詞」と「副詞」に関連があるため、これらの品詞についての知識も必要不可欠です。
Part 5 では、これら3つの比較表現を理解することができるかどうかが問われます。まずは、チャレンジ問題 に挑戦しましょう。そして、比較について理解を深めましょう。

1. 原級（同格）による比較について

チャレンジ問題 1

次の英文の空所に当てはまるもっとも適切なものを選択肢の中から選びましょう。（解答時間：30 秒）

> The actor hopes he will be able to host a TV talk show as ------- as his fellow actor did.
>
> (A) skillfully　　　　(C) skillful
> (B) skill　　　　　　(D) skills

原級（同格）

原級（同格）による比較は、*as ～ as...*「…と同じくらい～」という形で用いられます。「～」の部分には、「形容詞」や「副詞」などがきます。どの品詞が当てはまるのかは問題文の意味内容から判断します。**Part 5** では、原級（同格）による比較の問題を解くときは、まず、*as ～ as...* という形に注目しましょう。そして、問題文の意味内容を確認して、どちらが当てはまるのかを判断しましょう。
また、チャレンジ問題 1 で説明した原級（同格）による比較と関連するものに、*as ～ as possible*「できるだけ～」や、以下の「倍数表現」があります。

> The company's stock owned by a majority of its employees is now twice as valuable as before.

例文の下線部に注目しましょう。

> **倍数表現**
> *twice as ～ as...*「…の2倍の～」
> 　注　「2倍」は *twice* ですが、「3倍」以上は、下線部が ～ *times*「～倍」になります。

18　　Essential English Grammar for TOEIC® Test

2. 比較級と最上級による比較について

(1) 比較級について

チャレンジ問題 2

次の英文の空所に当てはまるもっとも適切なものを選択肢の中から選びましょう。（解答時間：30 秒）

Editing your own video on the computer is ------- than you think with the use of the editing software program.

(A) easiest (C) more easily
(B) easier   (D) most easily

比較級は、**～ er than...**「…よりも～」という形で用いられます。「～」の部分には、「**形容詞**」や「**副詞**」などがきます。**Part 5** では、比較級の問題を解くときは、原級（同格）の場合と同様に、問題文の意味内容を確認して、どちらが当てはまるのかを判断しましょう。

(2) 最上級について

チャレンジ問題 3

次の英文の空所に当てはまるもっとも適切なものを選択肢の中から選びましょう。（解答時間：30 秒）

The operation of the air conditioner manufactured by the company is the ------- of all available on the market.

(A) more quietly (C) quieter
(B) most quietly (D) quietest

最上級は、*the ～ est*「もっとも～」という形で用いられます。「～」の部分には、「**形容詞**」や「**副詞**」などがきます。*the ～ est* が基本的な形ですが、それ以外にも、*the world's tallest building*「世界でもっとも高いビル」のように、*the* の代わりに *the world's* などの所有格が用いられることもあります。

 前置詞 of
チャレンジ問題 3 のように、最上級とともに *of ～* が用いられた場合、「**～のうちで、中で**」という意味なので注意しましょう。

Unit 3　比較　　19

(3) 形容詞と副詞の変化について

確認問題 1

比較級や最上級における、形容詞や副詞の規則変化と不規則変化について確認しましょう。空所に適語を記入しましょう。

① 規則変化

	原級	比較級	最上級
短い形容詞の場合	easy 簡単な	( ) より簡単な	( ) もっとも簡単な
長い形容詞の場合	popular 人気のある	( ) より人気のある	( ) もっとも人気のある
副詞の場合	efficiently 効率的に	( ) より効率的に	( ) もっとも効率的に

② 不規則変化

原級	比較級	最上級
good「上手な」（形容詞）	( ) より上手な	( ) もっとも上手な
well「上手に」（副詞）	( ) より上手に	( ) もっとも上手に
bad「悪い」（形容詞）	( ) より悪い	( ) もっとも悪い
badly「悪く」（副詞）	( ) より悪く	( ) もっとも悪く
many「(数が) 多い」（形容詞）可算名詞を修飾する	( ) より多い	( ) もっとも多い
much「(量が) 多い」（形容詞）不可算名詞を修飾する	( ) より多い	( ) もっとも多い
little「(量が) 少ない」（形容詞）不可算名詞を修飾する	( ) より少ない	( ) もっとも少ない

Part 5 では、比較級や最上級の形容詞や副詞の正しい変化を問う問題は出題されません。この内容を理解して、形容詞や副詞の変化の目安にしましょう。

3. 注意すべき比較級について

(1) than をともなわない比較級について

チャレンジ問題 4

次の英文の空所に当てはまるもっとも適切なものを選択肢の中から選びましょう。（解答時間：30 秒）

The first place winner of the fashion show chose the ------- of the two prizes that were given by the sponsor.

(A) most attraction (C) more attractive
(B) most attractively (D) more attraction

(2) 比較級を含む慣用表現について

チャレンジ問題 5

次の英文の空所に当てはまるもっとも適切なものを選択肢の中から選びましょう。（解答時間：30 秒）

Orders placed through our online store on Wednesday will be delivered to our customers no ------- than Friday.

(A) later (C) latter
(B) late (D) last

確認問題 2

late（形容詞）の比較級と最上級における変化と意味のちがいについて確認しましょう。

	原級	比較級	最上級
late：「（時間が）遅い」（形容詞）		(　　　) より遅い	(　　　) もっとも遅れた／最新の・最近の
late：「（順番が）後の」（形容詞）		(　　　) 後者の	(　　　) 最後の

チャレンジ問題 6

次の英文の空所に当てはまるもっとも適切なものを選択肢の中から選びましょう。（解答時間：30 秒）

The president of the company emphasizes the importance of cooperation ------- competition among departments.

(A) as if (C) rather than
(B) as soon as (D) thanks to

Part 5 の比較の問題の解き方ですが、「**原級（同格）**」、「**比較級**」、「**最上級**」の問題では、問題文の空所の前後関係に注目するとともに、問題文の意味内容を確認して、それに合う形容詞や副詞を選びましょう。「**注意すべき比較級**」の問題では、問題文の空所の前後のみから問題を解くことは難しいため、問題文の意味内容を確認して、それに合うものを選ぶ方法が、正解への近道です。

短文空所穴埋め問題

次の英文の空所に当てはまるもっとも適切なものを選択肢の中から選びましょう。（解答時間：4分）

1. The South American market has so far become one of the company's most ------- ventures.

   (A) succeed
   (B) successfully
   (C) successful
   (D) success

2. The results of auto sales from January through June are slightly ------ than analysts predicted.

   (A) good
   (B) well
   (C) best
   (D) better

3. The method is the ------- of the two and does not require specially trained laboratory technicians.

   (A) most economical
   (B) more economical
   (C) most economically
   (D) more economically

4. This supercomputer is capable of processing a huge amount of data -------- of all and has been used for weather forecasting.

   (A) most quickly
   (B) quicker
   (C) more quickly
   (D) the more quickly

5. The construction of the new hospital is scheduled to start ------- March, according to a local newspaper report.

   (A) earlier
   (B) no later than
   (C) earliest
   (D) rather than

6. The new light bulb introduced by the company uses electricity four times as ------- as any other brand.

   (A) efficient
   (B) efficacy
   (C) efficiency
   (D) efficiently

7. Nowadays many consumers are more likely to choose organic ------- eco-labeled products.

   (A) unless
   (B) in spite of
   (C) but
   (D) rather than

8. The company has manufactured brass keys due to the fact that it is ------- than copper.

   (A) more suitably
   (B) most suitably
   (C) more suitable
   (D) most suitable

22　◀◀　*Essential English Grammar for TOEIC® Test*

memo

THINK

Unit 4 ▶▶ 分詞

品詞（「形容詞」と「副詞」）に関連するものに、「分詞」と「分詞構文」があります。この Unit では、分詞について説明します。

分詞は、動詞が「**現在分詞（～ ing）**」や「**過去分詞（～ ed ＊不規則変化もあるので注意）**」の形になり、「**名詞（句）（句とは語のかたまり）を前後から修飾する、つまり、「形容詞」としての働きをするもの**」です。

Part 5 では、分詞による表現を理解することができるかどうかが問われます。まずは、チャレンジ問題 に挑戦しましょう。そして、分詞について理解を深めたうえで、分詞の問題の出題パターンと解答方法を確認しましょう。

チャレンジ問題 1

次の英文の空所に当てはまるもっとも適切なものを選択肢の中から選びましょう。（解答時間：30 秒）

It is very important to always keep hands and feet clear from ------ parts while operating the equipment.

(A) move (C) moving
(B) moved (D) to move

チャレンジ問題 2

次の英文の空所に当てはまるもっとも適切なものを選択肢の中から選びましょう。（解答時間：30 秒）

The portable music player ------- by the company is now the most popular model on the market.

(A) develop (C) developed
(B) developing (D) develops

分詞について

分詞には、現在分詞（～ ing）「**～する・した**」による「**能動的な意味**」と過去分詞（～ ed ＊不規則変化もあるので注意）「**～される・された**」による「**受動的な意味**」があります。また、分詞は、名詞（句）を前後から修飾します。**チャレンジ問題 1、2** の問題文を例に、その働きについて理解を深めましょう。

1. 前から名詞（句）を修飾する場合について

It is very important to always keep hands and feet clear from <u>moving parts</u> while operating the equipment.

下線部と矢印に注目しましょう。<u>moving parts</u>「動いている部品」という意味です。

2. 後から名詞（句）を修飾する場合について

<u>The portable music player</u> <u>developed by the company</u> is now the most popular model on the market.

下線部と矢印に注目しましょう。<u>The portable music player developed by the company</u>「その会社によって<u>開発された</u>そのポータブルミュージックプレーヤー」という意味です。

確認問題

次の英文の意味が成り立つように、カッコ内の動詞を「現在分詞」または「過去分詞」の形にかえましょう。

1. Mr. Anderson received a (forward) e-mail message about the local amateur tennis tournament.

2. The researcher claims to have evidence (support) the existence of new micro-organisms.

Part 5 では、分詞の問題が出題されたときは、以下の出題パターンと解答方法で正解を導きましょう。

分詞問題の出題パターンと解答方法について

1. 出題パターン
   - ✓ 文頭、文末ではなく、問題文の「文中」に空所があります。
   - ✓ 選択肢の中に「動詞」があり、さらに、その動詞の「**現在分詞**」や「**過去分詞**」があります。

2. 解答方法
   問題文の意味内容から判断して、現在分詞（**～ ing**「～する・した」➡ 能動的な意味）または過去分詞（**～ ed** *不規則変化もあるので注意「～される・された」➡ 受動的な意味）のどちらが当てはまるのかを考え、正解を選びましょう。

短文空所穴埋め問題

次の英文の空所に当てはまるもっとも適切なものを選択肢の中から選びましょう。（解答時間：3分）

1. Dr. Winslet is one of the ------- scientists in the field of electronics and automatic control systems.

    (A) to lead
    (B) lead
    (C) led
    (D) leading

2. Most of the items ------ at the museum gift shop are handcrafted by the area's most creative artisits.

    (A) sold
    (B) sale
    (C) sell
    (D) are sold

3. Vineland Road Department is considering installing ------ lights to warn drivers of pedestrians at crosswalks.

    (A) flashing
    (B) to flash
    (C) flashed
    (D) flash

4. The Old House Restaurant is a ------- restaurant among locals to eat delicious but inexpensive food.

    (A) prefer
    (B) preferred
    (C) preferring
    (D) preference

5. The list contains the names of companies ------ the career fair next week in Amsterdam.

    (A) attendance
    (B) attend
    (C) attending
    (D) attended

6. Consumers tend to purchase a computer ------ with a high-resolution-touch screen and state-of-the-art specifications.

    (A) equip
    (B) equipped
    (C) to equip
    (D) equipping

memo

Unit 5 ▶▶ 分詞構文

Unit 4 では、分詞は、名詞（句）を修飾する「形容詞」としての働きをすると説明しました。この Unit では、分詞構文について説明します。

分詞構文とは、分詞（動詞が現在分詞や過去分詞の形になったもの）で文が始まり、分詞を含む節が、文中において「**時**」、「**理由・原因**」、「**条件**」、「**譲歩**」を表す「**副詞**」としての働きをするものです。

Part 5 では、特に、「**時**」や「**理由・原因**」を表す「**副詞**」としての働きをする分詞構文がよく出題されます。まずは、チャレンジ問題 に挑戦しましょう。そして、そのような働きをする分詞構文について理解を深めたうえで、分詞構文の問題の出題パターンと解答方法を確認しましょう。

チャレンジ問題 1

次の英文の空所に当てはまるもっとも適切なものを選択肢の中から選びましょう。（解答時間：30 秒）

------- the day's work, employees at the company gathered in the cafeteria to plan the upcoming company's picnic.

(A) Finish
(B) Finishes
(C) Finished
(D) Finishing

チャレンジ問題 2

次の英文の空所に当てはまるもっとも適切なものを選択肢の中から選びましょう。（解答時間：30 秒）

------- by a small number of employees, the camp-site supermarket limits business hours during the high season.

(A) Operating
(B) Operates
(C) Operated
(D) Operate

1. 分詞構文について

分詞構文は、分詞（動詞の「**現在分詞**」や「**過去分詞**」）の形で文が始まり、接続詞を用いずに、文中において「**時**」や「**理由・原因**」を表す「**副詞**」としての働きをするものです。分詞が名詞（句）を修飾する「形容詞」としての働きをするように、分詞構文では、「**分詞を含む部分（副詞節）**」が、主節の中にある動詞を修飾する「**副詞**」としての働きをします。

2. 分詞構文の成り立ちについて

　分詞構文を深く理解するためには、その成り立ちを知ることが必要です。**チャレンジ問題1、2**を例に、分詞構文における「**副詞節**」と「**主節**」について考えてみましょう。それぞれの問題文は、もともとは、以下のような形でした。

> After they finished the day's work, / employees at the company gathered in the cafeteria to plan the upcoming company's picnic.
> 　　　　副詞節　　　　　　　　　　　　　　　　　主節

> Because it is operated by a small number of employees, / the camp-site supermarket limits business hours during the high season.
> 　　　　　　副詞節　　　　　　　　　　　　　　　　　　　主節

　これらが分詞構文になる前の形であり、「副詞節」と「主節」に分けることができます。これらの2つの副詞節は、After, Because のような「時」や「理由・原因」を表す接続詞で始まっていて、副詞節は、文中において、主節の中にある動詞を修飾する「副詞」としての働きをします。一方、主節とは、「**文の中心＝文中においてもっとも伝えたい情報**」です。

> After they finished the day's work, employees at the company gathered in the cafeteria to plan the upcoming company's picnic.

> Because it is operated by a small number of employees, the camp-site supermarket limits business hours during the high season.

　チャレンジ問題1の問題文の下線部と矢印に注目しましょう。「彼らが一日の仕事を終えた後で」どうしたのかと聞かれれば、おそらく皆さんは、「…集まりました」と答えると思います。

　同様に、**チャレンジ問題2**の問題文の下線部と矢印に注目しましょう。「数少ない従業員によって運営されているので」どうしたのかと聞かれれば、おそらく皆さんは、「…制限しています」と答えると思います。

　チャレンジ問題1、2の問題文のこれら2つの部分には意味上のつながりがあります。つまり、「**副詞節が主節の中にある動詞を修飾している**」ことが分かります。

3. 分詞構文の構造について

　分詞構文になる前の形で注目すべき点は、「不要な繰り返しが行われている」ということです。チャレンジ問題に出てきた文の下線部イタリック体に注目しましょう。

> After *they* finished the day's work, / *employees at the company* gathered in the cafeteria to plan
> 　　　　　　副詞節　　　　　　　　　　　　　　　　　　　　　　主節
> the upcoming company's picnic.

➡　*they*（副詞節）＝ *employees at the company*（主節）

> Because *it* is operated by a small number of employees, / *the camp-site supermarket* limits
> 　　　　　　副詞節　　　　　　　　　　　　　　　　　　　　　　　　　主節
> business hours during the high season.

➡　*it*（副詞節）＝ *the camp-site supermarket*（主節）

という関係です。**チャレンジ問題 1** は「彼らが一日の仕事を終えた後で、その会社の従業員たちは、…」、**チャレンジ問題 2** は「それは数少ない従業員によって運営されているので、そのキャンプ場にあるスーパーマーケットは、…」というように、不要な繰り返しが行われ、くどい言い回しであるという印象を受けます。そこで、文意をより少ない語数で効率的に相手に伝えるために、分詞構文が用いられます。以下の手順を経て、分詞構文になります。

> **分詞構文になるまでの手順について**
>
> 1. 副詞節の中にある接続詞を省略します。
>
> 2. 副詞節と主節の中にある主語が同一であることから、副詞節の中にある主語を省略します。
>
> 3. 副詞節の中にある動詞が「〜する・した」（能動的な意味）を表す場合には、その動詞を「**現在分詞（〜 ing）**」にかえ、「〜される・された」（受動的な意味）を表す場合には、その動詞を「**過去分詞（〜 ed** *不規則変化もあるので注意）*」にかえます。

この手順に従うと、分詞化された動詞でチャレンジ問題の問題文が始まります。

> Finishing the day's work, / employees at the company gathered in the cafeteria to plan the
> 　　　　副詞節　　　　　　　　　　　　　　　　　　　主節
> upcoming company's picnic.

> Operated by a small number of employees, / the camp-site supermarket limits business hours
> 　　　　　　　副詞節　　　　　　　　　　　　　　　　　　　　　　主節
> during the high season.

Essential English Grammar for TOEIC® Test

4. その他注意すべき点について

(1) 接続詞を残す場合について

分詞構文になったことで、副詞節が持つ意味内容が曖昧になることを避けるために、「**特に「時」を表す接続詞の場合には、省略せずに、そのまま接続詞を残す**」ことがあります。例えば、**チャレンジ問題1**の問題文は、以下のような言い方をすることもあります。

> <u>After</u> finishing the day's work, employees at the company gathered in the cafeteria to discuss the upcoming company's picnic.

下線部：*After*（接続詞）に注目しましょう。

Part 5 では、以下の「時」を表す接続詞を用いる分詞構文がよく出題されるので注意しましょう。

> 「時」を表す接続詞について
> after「〜した後で」/ before「〜する前に」/ once「ひとたび〜すれば」
> when「〜するとき」/ while「〜しているうちに」

(2) 副詞節の位置について

分詞構文では、「時」を表す接続詞を含む副詞節は、主節の前だけではなく、後にも置かれることがあります。

① 副詞節が主節の前に置かれる場合

> <u>After finishing the day's work</u>, employees at the company gathered in the cafeteria to discuss the upcoming company's picnic.
> 注 副詞節が主節の前に置かれる場合、通常はカンマ(,)を必要とします。

② 副詞節が主節の後に置かれる場合

> Employees at the company gathered in the cafeteria to discuss the upcoming company's picnic <u>after finishing the day's work</u>.
> 注 副詞節が主節の後に置かれる場合、通常はカンマ(,)を必要としません。また、副詞節の位置がかわっても、英文自体の意味内容はかわりません。

確認問題

次の英文の下線部の日本語の意味内容を考えながら、カッコ内の動詞を「現在分詞」または「過去分詞」の形にかえましょう。

1. <u>Before (start) the engine in extremely cold weather</u>, drivers are advised to turn off all electrical car accessories.

2. <u>(Approve) at the board meeting</u>, the production of new planes is scheduled to begin in a few years.

3. The frozen food can be consumed for up to 3 months <u>when properly (store) in the freezer</u>.

Part 5 では、分詞構文の問題が出題されたときは、以下の出題パターンと解答方法で正解を導きましょう。

分詞構文の出題パターンと解答方法について

1. 出題パターン1（文頭に副詞節が置かれている場合）
   ✓ 問題文の文頭が空所であるか、「時」を表す*接続詞が文頭にあり、その後に空所があります。
   ✓ 選択肢の中に動詞の「現在分詞」や「過去分詞」があります。

2. 出題パターン2（文の後に副詞節が置かれている場合）
   ✓ 問題文の文中に「時」を表す*接続詞があり、その後に空所があります。
   ✓ 選択肢の中に動詞の「現在分詞」や「過去分詞」があります。

*Unit 2（16ページを参照）でも説明したように、接続詞と分詞（現在分詞や過去分詞）の間に「副詞」が置かれることもあります。

3. 解答方法
   空所を含む部分が「〜する・した」（能動的な意味）を表す場合には「**現在分詞（〜 ing）**」を、「〜される・された」（受動的な意味）を表す場合には「**過去分詞（〜 ed** *不規則変化もあるので注意）**」を選びましょう。

Essential English Grammar for TOEIC® Test

短文空所穴埋め問題

次の英文の空所に当てはまるもっとも適切なものを選択肢の中から選びましょう。（解答時間：4分）

1. ------- by his many fans, the singer referred to the release date of his next album.

    (A) Ask
    (B) Asked
    (C) Asking
    (D) Asks

2. Before ------- the merger contract, the presidents of the two companies stood side-by-side in front of the media reporters.

    (A) signed
    (B) sign
    (C) signing
    (D) to sign

3. Participants in the workshop got to know each other well while openly ------- the subject.

    (A) discussed
    (B) discuss
    (C) to discuss
    (D) discussing

4. ------- several years ago, the hotel has now rooms upgraded with expensive classical European fixtures.

    (A) Renovated
    (B) Renovation
    (C) Renovate
    (D) Renovating

5. ------- the network administrator test in April, Mr. Jirus will be in charge of the security of the company's database.

    (A) Passed
    (B) Passes
    (C) Pass
    (D) Passing

6. When -------, the project will help revitalize Sacramento's downtown businesses and neighborhoods.

    (A) completing
    (B) completes
    (C) completed
    (D) completion

Unit 5　分詞構文　　33

Unit 6 ▶▶ 接続詞

　Unit 5 でも説明しましたが、接続詞とは「語と語」、「句と句」（句とは語のかたまり）、「節と節」（節とは「主語＋動詞 〜」）を結びつける働きをするものです。接続詞には、語・句・節を文法上対等な関係で結びつける「等位接続詞」や、「主従（中心になるものと、それに付属するもの）関係＝主節＋従属節」で節と節を結びつける「従位接続詞」があります。

　従位接続詞を含む節は「従属節」と呼ばれます。この従属節には 2 種類があり、ひとつは、文中において「主語」や「目的語」になり、「名詞」としての働きをするものです。もうひとつは、「時」、「理由・原因」、「条件」、「譲歩」を表し、主節の中にある動詞を修飾する「副詞」としての働きをするものです。

　Part 5 では、問題文の意味内容を確認して、それに合う接続詞を選ぶことができるかどうかが問われます。まずは、チャレンジ問題 に挑戦しましょう。そして、接続詞について理解を深めましょう。

1. 等位接続詞について

チャレンジ問題 1

次の英文の空所に当てはまるもっとも適切なものを選択肢の中から選びましょう。（解答時間：30 秒）

> Excellent verbal ------- written communication skills are required for the position of Training Program Manager.
>
> (A)　so　　　　　　　　　　(C)　but
> (B)　and　　　　　　　　　 (D)　yet

等位接続詞とは

　等位接続詞とは、「語と語」、「句と句」、「節と節」を文法上対等な関係で結びつける働きをするものです。Part 5 では、以下の等位接続詞がよく出題されます。それぞれの意味を確認しましょう。

> **等位接続詞について**
> A and B「A と B、そして」/ but「しかし」/ A or B「A または B、さもないと」/ so「だから」/ yet「だが」

2. 従位接続詞（名詞としての働きをするもの）について

チャレンジ問題 2

次の英文の空所に当てはまるもっとも適切なものを選択肢の中から選びましょう。（解答時間：30 秒）

> It remains unclear ------- the international exhibition will be held as scheduled this coming June.
>
> (A) despite (C) although
> (B) even if (D) whether

(1) 従位接続詞 whether について

　従位接続詞を含む従属節が、文中で「**主語**」や「**目的語**」の役割を果たし、「**名詞**」としての働きをすることがあります。一例として、whether「〜かどうか」があります。**チャレンジ問題 2** を例に、その働きについて理解を深めましょう。

① **主語の場合**

　チャレンジ問題 2 の問題文は、もともとは以下のような形でした。

> Whether the international exhibition will be held as scheduled this coming June / remains / unclear.
> 　　　　　　　　　　　　　①　　　　　　　　　　　　　　　　　　　　　　　　　②　　　　③

下線部①〜③はそれぞれ、以下の働きや意味です。
① 主語（「その国際展覧会が予定どおりこの 6 月に開催されるかどうかは」）
② 動詞（「（〜状態の）ままです」）
③ 補語（「不確定な」）

主語になるものは「**名詞**」しかありません。つまり、whether を含む従属節は「**名詞節**」としての働きをしています。

② **形式主語 It**

　上記のように、whether を含む従属節（名詞節）が主語として文頭にくることによって、長い主語になり、英語では、そのような長い主語を避ける傾向があります。**チャレンジ問題 2** のように、文頭に形式主語 It を置いて「**意味上の主語（真主語）**」を、文の後に置くことがあります。

> It / remains / unclear / whether the international exhibition will be held as scheduled this coming June.
> ①　　②　　　③　　　　　　　　　　　　　　　　④

下線部①〜④はそれぞれ、以下の働きや意味です。
① 形式主語（「それ」とは訳さない）
② 動詞（「（〜状態の）ままです」）
③ 補語（「不確定な」）
④ 真主語（「その国際展覧会が予定どおりこの 6 月に開催されるかどうかは」）

③ 目的語の場合

> 例文1：
> We do not know yet whether the international exhibition will be held as scheduled this coming June.
> ①　　　　　②　　　　　　　　　　　　　　　　③

下線部①〜③はそれぞれ、以下の働きや意味です。
① 主語（「私たちは」）
② 動詞（「知っています」）
③ 目的語（「その国際展覧会が予定通りこの6月に開催されるかどうかを」）

目的語になるものは「**名詞**」しかありません。つまり、*whether* を含む従属節は「**名詞節**」としての働きをしています。なお、*if* にも、*whether* と同様に「〜かどうか」という意味があり、代わりに用いられます。

(2) 従位接続詞 *that* について

文中で「**主語**」や「**目的語**」の役割を果し、「**名詞**」としての働きをするものに、従位接続詞 *that*「〜ということ」があります。以下の例文を通して、その働きについて理解を深めましょう。

① 主語の場合

> 例文2：
> That the international exhibition will be held as scheduled this coming June still remains / unclear.
> 　　　　　　　　　　　　　　　①　　　　　　　　　　　　　　　　　　　　　②　　③

下線部①〜③はそれぞれ、以下の働きや意味です。
① 主語（「その国際展覧会が予定通りこの6月に開催されるだろうということは」）
② 動詞（「（〜の状態の）ままです」）
③ 補語（「不確定な」）

主語になるものは「**名詞**」しかありません。つまり、*that* を含む従属節は「**名詞節**」としての働きをしています。

36　Essential English Grammar for TOEIC® Test

② 形式主語 It

上記のように、*that* を含む従属節（名詞節）が主語として文頭にくることによって、長い主語になり、英語では、そのような長い主語を避ける傾向があります。文頭に形式主語 It を置いて、「**意味上の主語（真主語）**」を、文の後に置くことがあります。

> 例文 3：
> It still remains / unclear / that the international exhibition will be held as scheduled this coming June.
> ①　　　②　　　　③　　　　　　　　　　　④

下線部①～④はそれぞれ、以下の働きや意味です。
① 形式主語（「それ」とは訳さない）
② 動詞（「（～の状態の）ままです」）
③ 補語（「不確定な」）
④ 真主語（「その国際展覧会が予定通りこの 6 月に開催されるだろうということは」）

③ 目的語の場合

> 例文 4：
> We do not know yet that the international exhibition will be held as scheduled this coming June.
> ①　　　②　　　　　　　　　③

下線部①～③はそれぞれ、以下の働きや意味です。
① 主語（「私たちは」）
② 動詞（「知っています」）
③ 目的語（「その国際展覧会が予定通りこの 6 月に開催されるだろうということを」）

目的語になるものは「**名詞**」しかありません。つまり、*that* を含む従属節は「**名詞節**」としての働きをしています。

Part 5 では、接続詞の問題が出題されたときは、問題文の意味内容と空所の後が「**節（主語＋動詞 ～）**」の形であるかどうかを確認して、正解を選びましょう。

3. 従位接続詞（副詞としての働きをするもの —「時」、「理由・原因」、「条件」、「譲歩」について）

チャレンジ問題 3 〜 6

次の英文の空所に当てはまるもっとも適切なものを選択肢の中から選びましょう。（解答時間：2 分）

チャレンジ問題 3

The price of vegetables had been stable for months ------- a drought hit the region last month.

- (A) until
- (B) as soon as
- (C) unless
- (D) during

チャレンジ問題 4

The movie studio has decided to delay the production of the movie ------- there are some concerns over the budget.

- (A) while
- (B) because
- (C) due to
- (D) despite

チャレンジ問題 5

The computer virus will infect all the data stored in the computer ------- the attached file is opened.

- (A) in spite of
- (B) till
- (C) even if
- (D) once

チャレンジ問題 6

------- the company's advertising campaign was frequently seen on television, its sales fell short of expectations.

- (A) Due to
- (B) Despite
- (C) Although
- (D) During

Part 5 では、以下の「**時**」、「**理由・原因**」、「**条件**」、「**譲歩**」を表す従位接続詞がよく出題されます。それぞれの意味を確認しましょう。

「時」「理由・原因」「条件」「譲歩」を表す従位接続詞について

- *時 — as soon as「〜するとすぐに」/ till, until「〜までずっと」/ while「〜するうちに」
- 理由・原因 — as, because, since「〜なので」
- 条件 — if「もし〜すれば」/ once「ひとたび〜すれば」/ unless「もし〜しなければ」
- 譲歩 — although, though「〜だけれども」/ even if, even though「たとえ〜しても」

*Unit 5 で説明した「時」を表す接続詞も合わせて確認しましょう（31 ページを参照）。

(1) 従位接続詞の働きについて

「**時**」、「**理由・原因**」、「**条件**」、「**譲歩**」を表す従位接続詞を含む従属節は文中で「副詞」としての働きをします。**チャレンジ問題3**を例に、その働きについて理解を深めましょう。

The price of vegetables had been stable for months / until a drought hit the region last month.
      主節   従属節

主節とは「**文の中心＝文の中で一番伝えたい情報**」です。

従属節とは「**従位接続詞を含む、主節に付属する節**」です。

The price of vegetables had been stable for months until a drought hit the region last month.

下線部と矢印に注目しましょう。「先月、その地域を干ばつが襲うまで」どうしたのかと聞かれれば、おそらく皆さんは「…安定していました」と答えると思います。これら2つの部分には意味上のつながりがあります。つまり、「**従属節が主節の中にある動詞を修飾している**」ことが分かります。これら2つの節の関係は、等位接続詞を用いた場合とは異なり、文法上、さらには意味上でも、対等な関係にあるとは言えません。そのため、従属節に含まれる接続詞は従位接続詞と呼ばれ、文中で副詞としての働きをするので、「**副詞節**」とも呼ばれます。なお、**チャレンジ問題4〜6**に含まれている従位接続詞も、同様の働きをします。

(2) 従属節の位置について

「副詞」としての働きをする従位接続詞は、「**主従関係（中心となるものと、それに付属するもの）＝主節＋従属節**」という関係で2つの節を結びつけますが、「**従位接続詞を含む従属節は、主節の後だけではなく、前にも置かれる**」ことがあります。**チャレンジ問題6**を例に、文中の従属節の位置について理解を深めましょう。

① 従属節が主節の前に置かれる場合

Although the company's advertising campaign was frequently seen on television, / its sales fell
         従属節   主節
short of expectations.

 注 従属節が主節の前に置かれる場合、通常はカンマ (,) を必要とします。

---

② 従属節が主節の後に置かれる場合

The company's sales fell short of expectations / although *its* advertising campaign was frequently
      主節   従属節
seen on television.

 注 従属節が主節の後に置かれる場合、通常はカンマ (,) を必要としません。また、イタリック体の語句に注目しましょう。節の置かれる位置がかわったので、それぞれが言い換えられています。しかし、そのことによって、英文自体の意味内容はかわりません。

Part 5 では、「等位接続詞」の問題が出題されたときは、問題文の空所の前後関係とその意味内容を確認して、それに合うものを正解に選びましょう。「従位接続詞」の問題が出題されたときは、問題文の空所の後が「節（主語＋動詞 ～）」の形であることと、その意味内容を確認して、それに合うものを正解に選びましょう。その際には、**Unit 7** で説明する「前置詞」についての理解も問われます。

確認問題

次のまとめを読んで、空所に合う接続詞を記入しましょう。

―接続詞のまとめ―

接続詞は、「語と語」「句と句」（句とは語のかたまり）「節と節」（節とは「主語＋動詞～」）を結びつける働きをするものです。

1. 等位接続詞：語・句・節を文法上対等な関係で結びつけます。

    ～と～・そして：(　　　　　　　　　)　　しかし：(　　　　　　　　　)

    ～または～・さもないと：(　　　　　　　　　)　　だから：(　　　　　　　　　)

    だが：(　　　　　　　　　)

2. 従位接続詞：通常、後には節が続きます。節と節を結びつけるときに、「主従（中心となるものと、それに付属するもの）関係＝主節＋従属節」があります。

    (1) 文中で主語や目的語など、「名詞」としての働きをするもの

    ～かどうか：(　　　　　　　　　) / (　　　　　　　　　)

    ～ということ：(　　　　　　　　　)

    (2) 文中で主節の中にある動詞を修飾する「副詞」としての働きをするもの

    ① 「時」を表すもの

    ～するとすぐに：(　　　　　　　　　)

    ～までずっと：(　　　　　　　　　) / (　　　　　　　　　)

    ～するうちに：(　　　　　　　　　)

② 「理由・原因」を表すもの

　　〜なので：(　　　　　　　　)/(　　　　　　　　　)/(　　　　　　　　　　　　)

③ 「条件」を表すもの

　　もし〜すれば：(　　　　　　　　)　　ひとたび〜すれば：(　　　　　　　　　)

　　もし〜しなければ：(　　　　　　　　)

④ 「譲歩」を表すもの

　　〜だけれども：(　　　　　　　　)/(　　　　　　　　)

　　たとえ〜しても：(　　　　　　　　)/(　　　　　　　　　)

Unit 7 ▶▶▶ 前置詞と組みで使われる表現

　Unit 6 で説明した従位接続詞（「**時**」、「**理由・原因**」、「**条件**」、「**譲歩**」を表し、副詞としての働きをする接続詞）と同様な意味を表す「**前置詞**」があります。前置詞は「**詞や句と結びつくもの**」です。また、この Unit では、Unit 6 で説明した接続詞を含む「**組で使われる表現**」についても説明します。

　Part 5 では、問題文の意味内容を確認して、それに合う「**時**」、「**理由・原因**」、「**譲歩**」を表す「**前置詞**」や「**組で使われる表現**」を正しく選ぶことができるかどうかが問われます。まずは、チャレンジ問題 に挑戦しましょう。そして、前置詞と組で使われる表現について理解を深めたうえで、接続詞（従位接続詞）と前置詞の判別の問題の解答方法を確認しましょう。

1. 前置詞について

チャレンジ問題 1

次の英文の空所に当てはまるもっとも適切なものを選択肢の中から選びましょう。（解答時間：30 秒）

> The beginning of the tennis tournament was delayed by 2 hours ------- inclement weather.
>
> (A) due to　　　　　　　(C) though
> (B) whether　　　　　　(D) while

　Part 5 では、以下の「**時**」、「**理由・原因**」、「**譲歩**」を表す前置詞がよく出題されます。それぞれの意味を確認しましょう。

> **「時」「理由・原因」「譲歩」を表す前置詞について**
> - **時** ― during「～の間ずっと」
> - **理由・原因** ― because of, due to「～のために・が原因で」
> - **譲歩** ― despite, in spite of「～にもかかわらず」

（1）前置詞の働きについて

　前置詞は名詞（句）と結びつき、従位接続詞の場合と同様に、文中で「**副詞**」としての働きをすることがあります。チャレンジ問題 1 を例に、その働きについて理解を深めましょう。

> The beginning of the tennis tournament was delayed by 2 hours / due to inclement weather.
> 　　　　　　　　　主節　　　　　　　　　　　　　　　　　　　　　　句

主節とは「**文の中心＝文中においてもっとも伝えたい情報**」です。

> The beginning of the tennis tournament was delayed by 2 hours due to inclement weather.

Essential English Grammar for TOEIC® Test

例文の下線部と矢印に注目しましょう。「悪天候のため」どうしたのかと聞かれれば、おそらく皆さんは、「…遅れました」と答えると思います。これら2つの部分には意味上のつながりがあります。つまり、「**前置詞を含む句が主節の中にある動詞を修飾している**」ことになり、文中で「**副詞**」としての働きをしていることが分かります。

(2) 前置詞を含む句の位置について

　従位接続詞を含む節（従属節）の場合と同様に、前置詞を含む句は主節の前だけではなく、後にも置かれることがあります。 チャレンジ問題1 を例に、前置詞を含む句の文中の位置について理解を深めましょう。

① **前置詞を含む句が主節の前に置かれる場合**

> <u>Due to inclement weather</u>, the beginning of the tennis tournament was delayed by two hours.
>
> 注　前置詞を含む句が主節の前に置かれる場合、通常はカンマ (,) を必要とします。

② **前置詞を含む句が主節の後に置かれる場合**

> The beginning of the tennis tournament was delayed by two hours <u>due to inclement weather</u>.
>
> 注　前置詞を含む句が主節の後に置かれる場合、通常はカンマ (,) を必要としません。また、前置詞を含む句の位置がかわっても、英文自体の意味内容はかわりません。

2. 組で使われる表現について

チャレンジ問題2

次の英文の空所に当てはまるもっとも適切なものを選択肢の中から選びましょう。（解答時間：30秒）

> The mobile telephone shop sells phones which can be used ------- in Japan or abroad.
>
> (A) so　　　　　　　　(C) either
> (B) through　　　　　　(D) both

「**組で使われる表現**」とは、接続詞 *and* や *or* などとともに、組のように使われるもののことです。以下の表現の形と、それぞれの意味を確認しましょう。

> **組で使われる表現について**
>
> both A and B「AもBも両方」　　　注意　AとBには、語や句がきます
> either A or B「AかBのどちらか」　注意　AとBには、語・句・節がきます
> neither A nor B「AとBどちらでもない」注意　AとBには、語や句がきます
> A as well as B「BだけでなくAも」　注意　AとBには、語や句がきます（Aのほうに
> 　　　　　　　　　　　　　　　　　　　　意味の重点が置かれます）
> whether A or not「Aであろうとなかろうと」注意　Aには、節がきます
> whether A or B「AであろうとBであろうと」注意　AとBには、節がきます（Bは省
> 　　　　　　　　　　　　　　　　　　　　略されて、語や句になることもあります）
> so A（形容詞または副詞）that B「あまりにもAなのでBです」
> 　　　　　　　　　　　　　　　　注意　Bには、節がきます

　Part 5 では、接続詞（従位接続詞）と前置詞の判別の問題が出題されたときは、以下の解答方法で正解を導きましょう。

> **接続詞（従位接続詞）と前置詞の判別の問題の解答方法について**
>
> 1. 問題文の選択肢の中に接続詞や前置詞があることを確認しましょう。
>
> 2. 問題文の空所の後が「**節（主語＋動詞 〜）**」または「**語や句**」のどちらの形で続いているのかを確認するとともに、問題文の意味内容を確認しましょう。
>
> 3. 問題文の意味内容に合わせて、「**節**」の場合には「**接続詞**」を、「**語や句**」の場合には「**前置詞**」を正解に選びましょう。

　また、「組で使われる表現」の問題が出題されたときは、上でまとめた表現を思い出しましょう。そして、問題文の意味内容を確認して、それに合うものを正解に選びましょう。

確認問題

　次のまとめを読んで、空所に合う接続詞や前置詞を記入しましょう。

―前置詞と組で使われる表現のまとめ―

1. 前置詞は、語や句と結びつき、従位接続詞と同様に、文中で「副詞」としての働きをすることがあります。

　(1)「時」を表すもの

　　　〜の間ずっと：(　　　　　　　　　)

(2) 「理由・原因」を表すもの

～のために・が原因で：(　　　　　　　　) / (　　　　　　　　)

(3) 「譲歩」を表すもの

～にもかかわらず：(　　　　　　　　) / (　　　　　　　　)

2. 組で使われる表現

(1) AとBには「語や句」がきます

AもBも両方：(　　　　　　　　)

AかBのどちらか：(　　　　　　　　)

AとBどちらでもない：(　　　　　　　　)

BでけなくAも：(　　　　　　　　)

(2) AとBには「節」がきます

AかBのどちらか：(　　　　　　　　)

Aであろうとなかろうと：(　　　　　　　　)

AであろうとBであろうと：(　　　　　　　　)

あまりにもA*（形容詞または副詞）なのでBです：(　　　　　　　　)

Unit 7　前置詞と組みで使われる表現　45

短文空所穴埋め問題

次の英文の空所に当てはまるもっとも適切なものを選択肢の中から選びましょう。（解答時間：4分）

1. The company president met with regional managers to discuss the new marketing plan ------- his visit to Houston.

    (A) so
    (B) while
    (C) during
    (D) since

2. ------- the hybrid car has used up its fuel, it can still run on its battery charge for another 50 kilometers.

    (A) Even though
    (B) That
    (C) Whether
    (D) In spite of

3. As a business owner, Ms. Whalen should know ------- the new sales campaign is effective or not.

    (A) even if
    (B) whether
    (C) and
    (D) while

4. Many citizens have already signed up for the public lecture ------- the limited number of seats available.

    (A) or
    (B) though
    (C) during
    (D) despite

5. Water will soon become ------- valuable that it may be transported globally in huge quantities as oil is today.

    (A) and
    (B) yet
    (C) or
    (D) so

6. The survey found that advertising which creates an impact on consumers is ------- good nor bad.

    (A) either
    (B) so
    (C) neither
    (D) both

7. Processing the data with the new software was challenging, ------- Mr. Miller is still very satisfied with the result.

    (A) yet
    (B) until
    (C) as
    (D) or

8. Information about the internship position will be posted on the company's Website ------- it becomes available.

    (A) yet
    (B) as soon as
    (C) unless
    (D) in spite of

46　Essential English Grammar for TOEIC® Test

memo

INVENT

Unit 8 ▶▶ 代名詞

　代名詞は、「**名詞の代わりの役割を果たす品詞**」です。文中で出てきた名詞（人や物）について、あらためて示す場合に代名詞が用いられます。「**人**」についてのものを「**人称代名詞**」、「**物**」についてのものを「**指示代名詞**」と呼びます。この Unit では、これら 2 つの代名詞に焦点を当て、それぞれの働きや語形について説明します。
　注意しなければならない点は、代名詞には、以下のような異なる働きがあります。

- ✓ 　主語の働きをする「**主格**」
- ✓ 　所有（〜の）の働きをする「**所有格**」
- ✓ 　目的語（〜に・を）の働きをする「**目的格**」
- ✓ 　「〜のもの」という働きをする「**所有代名詞**」
- ✓ 　「〜自身」という働きをする「**再帰代名詞**」

　Part 5 では、問題文の意味内容を確認して、文中の名詞を言い換える適切な代名詞を選ぶことができるかどうかが問われます。まずは、 チャレンジ問題 に挑戦しましょう。そして、代名詞について理解を深めましょう。

チャレンジ問題

次の英文の空所に当てはまるもっとも適切なものを選択肢の中から選びましょう。（解答時間：30 秒）

The computer software company will launch a new version of ------- most popular software at the end of the year.

(A) its　　　　　　　　　　(C) it
(B) ours　　　　　　　　　 (D) them

48　　Essential English Grammar for TOEIC® Test

1. 代名詞の格の確認について

確認問題 1

代名詞の格と意味について確認しましょう。以下の表の空所に、適切な代名詞を記入しましょう。

	主格 〜は	所有格 〜の	目的格 〜に・を	所有代名詞 〜のもの	再帰代名詞 〜自身
単数	I	( )	( )	( )	( )
	you	( )	( )	( )	( )
	he	( )	( )	( )	( )
	she	( )	( )	( )	( )
	it	( )	( )	( )	( )
	William （人名・男性）	( )	( )	( )	( )
複数	we	( )	( )	( )	( )
	you	( )	( )	( )	( )
	they	( )	( )	( )	( )

2. 注意すべき点について

（1）*its* と *It's* を混同しないようにしましょう。
It's は「*It is...*」、または「*It has*＋動詞の過去分詞 〜」（現在完了形）の省略です。
（2）再帰代名詞を含む慣用表現
前置詞 *by* とともに用いて、*by* 〜 *self (selves)*「（助けなしに）〜自身で」という意味です。

Unit 8　代名詞

3. 代名詞が示すものについて

確認問題 2

次の英文を読み、その意味内容を考えましょう。そして、下線部の代名詞が示すものを指摘しましょう。

1. Ms. Parker has decided to create a Website by herself that provides gardening tips for beginners.

2. Professional dry cleaners use special cleaning fluid to remove stains on clothes, and theirs are very different from what people can buy at stores.

3. Ms. Leman was then coordinator of the career programs, but she is now in another position in the company.

　Part 5 では、its「その〜」がよく出題されます。代名詞の問題が出題されたときは、問題文の空所の前後のみから問題を解くことは難しいため、問題文の意味内容を確認して、どの代名詞がそれに合うかを確かめることが、正解への近道です。

短文空所穴埋め問題

次の英文の空所に当てはまるもっとも適切なものを選択肢の中から選びましょう。（解答時間：2分）

1. This book lists the basic and important questions to ask ------- before starting your own business.

   (A) his
   (B) yourself
   (C) itself
   (D) its

2. To contact Digital Photography & Web Design Sydney or inquire about services, please visit ------- Website.

   (A) we
   (B) us
   (C) our
   (D) ours

3. A group of people in the community is concerned about the habitat of wild birds and monitor ------- by themselves.

   (A) us
   (B) its
   (C) our
   (D) it

4. Furniture made by the craftsmen is very elaborate, and ------- design and function are also very unique.

   (A) its
   (B) their
   (C) it's
   (D) they

5. There was a call for ------- from a client while Mr. Flatts was attending the monthly meeting.

   (A) theirs
   (B) him
   (C) yours
   (D) it

6. According to the survey, people have consistently expressed ------- opposition to open phone conversation on public transportation.

   (A) your
   (B) them
   (C) their
   (D) its

Unit 9 ▶▶▶ 関係詞

関係詞は、おおまかに説明すると、「**2つの文を1つにつなげる働きをするもの**」（文の代わりに**節（主語＋動詞～）**ととらえることもできます）です。そのため、**Unit 6**で説明した「**接続詞**」と似た働きであるといえます。以下の2つの文を接続詞と関係詞を用いて1つにつなげてみましょう。

There are already many people.

They are waiting for the shuttle bus to the city center.

2つの文の中にある下線部に注目しましょう。*many people* = *They* という関係です。

●接続詞の場合について

> There are already many people, and they are waiting for the shuttle bus to the city center.
>
> 訳 すでに多くの人々がいて、そして、彼らは街の中心部へ行くシャトルバスを待っています。

下線部 *and* に注目しましょう。

●関係詞の場合について

> There are already many people who are waiting for the shuttle bus to the city center.
>
> 訳 街の中心部へ行くシャトルバスを待っている多くの人々がすでにいます。

下線部 *who* に注目しましょう。

このように、接続詞と関係詞では、2つの文のつなげ方が異なります。同様の内容でも、関係詞でつなげたほうが、2つの文の内容が1つの文に集約されてまとめられた、洗練された表現であるという印象を受けると思います。つまり、関係詞は「**2つの文の内容を、1つの文にまとめ、相手に伝える**」という働きをします。

さらに、関係詞は「**関係代名詞**」と「**関係副詞**」に分けることができ、どちらも2つの文に共通する名詞（句）を中心にして、1つの文につなげる働きをします。共通する名詞（句）のうち、1つ目の文の中にあるものを「**先行詞**」（例文では *many people*）と呼びます。この部分が、2つ目の文の中で、「**代名詞**」として置き換えることができる場合には「**関係代名詞**」を、*then* や *there* など「**時や場所を表す副詞**」として置き換えることができる場合には「**関係副詞**」を用いて、2つの文を1つにつなげます。関係代名詞は、**Unit 8**で説明した「**代名詞**」にも関連があり、先行詞をどのような格の代名詞に置き換えることができるのかによって、用いる関係代名詞も異なります。

Part 5 では、2つの文を1つにつなげるために、適切な関係詞を選ぶことができるかどうかが問われます。この **Unit** では、まずは、関係詞の成り立ちについて理解を深めましょう。そして、チャレンジ問題 に挑戦しましょう。さらに、関係詞の問題の解答方法について確認しましょう。

1. 関係代名詞について

　2つの文に共通する名詞（句）のうち、1つ目の文の中にあるものを「**先行詞**」と呼びます。はじめに、先行詞が「**人**」または「**物**」のどちらであるのかを確認します。次に、それが2つ目の文の中で、どのような「**代名詞の格**」に置き換えることができるのかを判断します。関係代名詞には、「**主格**」、「**所有格**」、「**目的格**」の3つの働きがあります。以下では、それぞれの関係代名詞の格の働きについて理解を深めましょう。

(1) 主格について

　主格とは、文中の「**主語**」のことです。1つ目の文の中にある先行詞を、2つ目の文の中で「**主語を表す代名詞**」として置き換えることができる場合には、「**関係代名詞の主格**」を用いて、2つの文を1つにつなげます。

① 先行詞が「**人**」の場合

> The construction company was looking for people.
> (　　　　) are licensed to operate heavy machinery at construction sites.
>
> ➡ The construction company was looking for people (　　　　) are licensed to operate heavy machinery at construction sites.

② 先行詞が「**物**」の場合

> Ms. Cyrus bought a wide screen TV.
> (　　　　) was on sale at the electronic appliance store last week.
>
> ➡ Ms. Cyrus bought a wide screen TV (　　　　) was on sale at the electronic appliance store last week.

(2) 所有格について

　所有格とは、「**〜の**」という意味です。1つ目の文の中にある先行詞を、2つ目の文の中で「**所有格を表す代名詞**」として置き換えることができる場合には、「**関係代名詞の所有格**」を用いて、2つの文を1つにつなげます。

① 先行詞が「**人**」の場合

> The person dealing with computer network issues is Mr. Boyle.
> (　　　　) long experience as a computer network technician is highly regarded.
>
> ➡ The person dealing with computer network issues is Mr. Boyle (　　　　) long experience as a computer network technician is highly regarded.

Unit 9　関係詞　53

② 先行詞が「物」の場合

> Professor Connelly presented his new paper.
> (　　　　) subject was on the importance of protecting the environment.
>
> ➡ Professor Connelly presented his new paper (　　　　) subject was on the importance of protecting the environment.

(3) 目的格について

目的格とは、「～に・を」という意味です。1つ目の文の中にある先行詞を、2つ目の文の中で「**目的語を表す代名詞**」として置き換えることができる場合は、「**関係代名詞の目的格**」を用いて、2つの文を1つにつなげます。

① 先行詞が「人」の場合

> The story introduces Mr. Reynolds.
> Many fans consider (　　　　) to be the greatest ice hockey player ever.
>
> ➡ The story introduces Mr. Reynolds (　　　　) many fans consider to be the greatest ice hockey player ever.

② 先行詞が「物」の場合

> The company released the upgraded version of its Internet browsing software.
> Users can download (　　　　) for free.
>
> ➡ The company released the upgraded version of its Internet browsing software (　　　　) users can download for free.

(4) 関係代名詞 that について：先行詞が「人」でも「物」でも用いることができる

「**関係代名詞 that**」は、先行詞が「**人**」でも「**物**」でも用いることができます。以下のものは、先ほどの例文で、関係代名詞の部分を that にかえた文です。下線部に注目しましょう。

The construction company was looking for people that are licensed to operate heavy machinery at construction sites.
　　　　　　　　　　　　　　　　　　　　　先行詞は「人」（主格）

Ms. Cyrus bought a wide screen TV that was on sale at the electronic appliance store last week.
　　　　　　　　　　　　　　先行詞は「物」（主格）

The story introduces Mr. Reynolds that many fans consider to be the greatest ice hockey player ever.
　　　　　　　　　　　　　先行詞は「人」（目的格）

The company released the upgraded version of its Internet browsing software that users can download for free.
　　　　　　　　　　　　　　　　　　　　　　　　　　　　　　先行詞は「物」（目的格）

注意　関係代名詞が that にかわっても、英文自体の意味はかわりません。

(5) 関係代名詞のまとめについて

先行詞が「**人**」または「**物**」のどちらであるのかによって、また、先行詞が2つ目の文の中で、どのような代名詞の「**格**」として置き換えることができるのかによって、用いられる関係代名詞が異なることを説明しました。以下の表で確認しましょう。

先行詞	主　格	所有格	目的格
人	(　　　)	(　　　)	(　　　)
物	(　　　)	(　　　)	(　　　)
人でも物でも可	(　　　)	(　　　)	(　　　)

(6) 関係代名詞の「制限用法」と「非制限用法」について

これまで説明してきた関係代名詞（*that, what* を除く）には、「**制限用法**」と「**非制限用法**」と呼ばれる2つの用法があります。これら2つの用法では、文意の解釈のしかたが異なります。以下の例文を通して、それぞれの用法について理解を深めましょう。

● 制限用法について

> 例文1：There are already many people who are waiting for the shuttle bus to the city center.

下線部と矢印に注目しましょう。制限用法の場合には、関係代名詞を含む部分が、「**先行詞を後から修飾するような形**」で文意を解釈します。

● 非制限用法について

下線部に注目しましょう。非制限用法の場合には、関係代名詞の前にカンマ (,) があります。

> 例文2：There are already many people, who are waiting for the shuttle bus to the city center.

非制限用法の場合には、「**文頭から文意をとり、カンマで一度区切り、関係代名詞が何を示しているのかを補う形**」で文意を解釈します。この非制限用法は、関係代名詞のみならず、関係副詞 *when* や *where* にも用いられます。

> **注意　関係詞の非制限用法**
> **Part 5** でも、非制限用法を含む問題文が出題されることがあります。しかし、日本語による文意の解釈のちがいを問う問題は出題されません。この Unit 後半『**関係詞の解答方法について**』（詳細は、59 ～ 61 ページ参照）で説明する制限用法を含む問題文と同じ解答方法で正解を導きましょう。

(7) 関係代名詞 what について

これまで説明してきた関係代名詞とは異なり、「**関係代名詞 what**」はそれ自体に先行詞を含み、「**～こと・もの**」という意味です。また、what を含む部分は、文中において「**主語**」、「**補語**」、「**目的語**」としての働きをします。以下の例文を通して、関係代名詞 what の働きについて理解を深めましょう。

① 主語の場合

> 例文 1：What is required for the position is good communication skill in dealing with customers.

例文の下線部に注目しましょう。what を含む部分が、文中で「**主語**」としての働きをしています。

② 補語の場合

> 例文 2：Reliable and professional service is what the company provides for its customers.

例文の下線部に注目しましょう。what を含む部分が、文中で「**補語（主語＝補語という関係）**」としての働きをしています。

③ 目的語の場合

> 例文 3：A new vintage shop in downtown Maryville offers its customers what other shops do not have in stock.

例文の下線部に注目しましょう。what を含む部分が、文中において「**目的語：～を**」としての働きをしています。

> **注意　関係代名詞 what**
> **Part 5** では、関係代名詞 what が出題されたときは、問題文の意味内容を確認して、空所に当てはまるかどうかを判断しましょう。

2. 関係副詞について

関係代名詞の場合とは異なり、先行詞が「**時**」や「**場所**」を表す名詞（句）であり、2つ目の文の中で、then や there など「**時や場所を表す副詞**」として置き換えることができる場合には、「**関係副詞**」を用いて2つの文を1つにつなげます。また、関係副詞は「**理由**」や「**方法**」を表すものもあります。以下では、それぞれの関係副詞の働きについて理解を深めましょう。

(1) 時を表す関係副詞について

The staff members have to decide on a date.
All of them can meet and discuss the proposed plan (　　　　).

➡ The staff members have to decide on a date (　　　　) all of them can meet and discuss the proposed plan.

(2) 場所を表す関係副詞について

Cornwell Academy of Science annually hosts an exhibit.
Children can experience the fascination of science (　　　　).

➡ Cornwell Academy of Science annually hosts an exhibit (　　　　) children can experience the fascination of science.

(3) 理由を表す関係副詞 *why* について

関係副詞 *why* は「〜という理由で」という意味です。*why* の先行詞は *(the) reason(s)* であり、関係代名詞 *what* と同様に、文意に基づいて用いられます。

例文1：Many passengers at the station wanted to know the reason why the trains were delayed.

例文2：Many passengers at the station wanted to know ▲ why the trains were delayed.

> 注意　口語では、先行詞 *(the) reason(s)* が省略されることがあります。例文2の中にある ▲ は、先行詞の省略を表しています。先行詞が省略されても、英文自体の意味はかわりません。

(4) 方法を表す関係副詞 *how* について

関係副詞 *how* は「〜という方法で」という意味です。*how* の先行詞は *the way* ですが、通常は省略されます。関係代名詞 *what* や関係副詞 *why* と同様に、文意に基づいて用いられます。

例文：The scientist is now explaining to his listeners how the greenhouse gas effect works.

> 注意　**関係副詞 why, how**
> Part 5 では、関係副詞 *why, how* が出題されたときは、関係代名詞 *what* と同様に、問題文の意味内容を確認して、空所に当てはまるかどうかを判断しましょう。

これまで説明したように、2つの文をつなげる関係詞には、2種類のものがあります。ひとつは、「**先行詞を代名詞または副詞に置き換えることで、ふさわしい関係詞を選ぶもの**」です。もうひとつは、「**文意に基づいて、ふさわしい関係詞を選ぶもの**」です。それぞれの種類について、以下の表にまとめます。

	先行詞を代名詞や副詞に置き換える	文意に基づく
関係代名詞	who, whose, whom, which, that	what
関係副詞	when, where	why, how

確認問題

はじめに、1つ目の文の下線部（先行詞）を、もっとも適切な代名詞または副詞に置き換えて、2つ目の文の空所に記入しましょう。次に、その置き換えに基づいて、もっとも適切な関係詞を用いて、2つの文を1つにつなげましょう。

1. We plan to have dinner with <u>Mr. Camby</u>.
   We met (　　　　) at the company's annual convention in Las Vegas.

➡ _____

2. Mr. Rendall found <u>some furniture</u>.
   (　　　　) needs just a little bit of repairing.

➡ _____

3. Sevilla is <u>a Mediterranean restaurant</u>.
   People can enjoy a good meal together with their friends (　　　　).

➡ _____

4. Ms. Palin is <u>a person</u>.
   (　　　　) cheerfulness and laughter have always made us feel better at the office.

➡ _____

5. We are currently looking for <u>a sales representative</u>.
   (　　　　) should be customer friendly and not mind working longer hours.

➡ _____

Essential English Grammar for TOEIC® Test

6. 1934 is the year.
   The company started producing its first professional baseball team caps (   ).

   ➡ _____
   _____

7. First-time novelist James Park has written a fascinating book.
   Many readers will surely enjoy (   ).

   ➡ _____
   _____

8. The food processing company is currently looking for a warehouse.
   (   ) space will be used for the storage of perishable goods.

   ➡ _____
   _____

3. 関係詞の解答方法について

チャレンジ問題 に挑戦して、Part 5 で、「**関係詞が出題されたときの解答方法**」と「**関係詞の位置**」について理解を深めましょう。

(1) 関係詞の解答方法について

チャレンジ問題 1

次の英文の空所に当てはまるもっとも適切なものを選択肢の中から選びましょう。（解答時間：30秒）

> The company is in need of a large staff lounge -------- its employees can gather during their breaks.
>
>   (A) whose   (C) where
>   (B) that   (D) which

解説 選択肢の中に疑問詞があり、空所に当てはまるものを選ぶことが問われていることから、「**関係詞の問題**」であることが分かります。問題文の文頭ではなく、文中に空所があることから、関係詞の問題であることを見抜きましょう。関係詞の問題を解くときには、次の①〜②の手順で考えましょう。

① 空所によって、問題文を2つの文に分けましょう。
② 空所の前にある名詞（句）が先行詞にあたるので、2つ目の文の中で、「**代名詞**」または「**副詞**」のどちらに置き換えることができるのかを考えましょう。

Unit 9　関係詞　59

この問題では、以下の形で 2 つの文に分けることができます。

The company is in need of a large staff lounge

its employees can gather during their breaks（？）

空所の前にある *a large staff lounge*（先行詞）は、2 つ目の文の（？）に「**場所を表す副詞**」として置き換えることができます。したがって、「**場所を表す関係副詞**」を正解に選びます。

以下に、関係詞の問題を解くポイントをまとめます。

> **関係詞の問題を解くポイントについて**
>
> 1. 空所の前にある先行詞を確認しましょう。
> 2. 問題文を 2 つの**文 = 節（主語＋動詞〜）**の形に分けましょう。ただし、関係代名詞の主格が問われている場合には、2 つ目の文は、「主語＋動詞〜」の形になりません。
> 3. 2 つ目の文の中で、先行詞が「**代名詞**」または「**副詞**」のどちらに置き換えることができるのかに応じて、もっとも適切な関係詞を正解に選びましょう。

(2) 関係詞の位置について

チャレンジ問題 1 とは異なり、空所の位置によっては、問題文を 2 つに分けることができない場合もあります。**チャレンジ問題 2** に挑戦して、この点について理解を深めましょう。

チャレンジ問題 2

次の英文の空所に当てはまるもっとも適切なものを選択肢の中から選びましょう。（解答時間：30 秒）

> The company, ------- was started just a few years ago, is already expanding its business nationwide.
>
> (A) which (C) whose
> (B) when   (D) where

解説 選択肢の中に疑問詞があり、空所に当てはまるものを選ぶことが問われていることから、「**関係詞の問題**」であることが分かります。問題文の文頭ではなく、文中に空所があることから、関係詞の問題であることを見抜きましょう。また、空所の前にカンマ (,) があるので、「**非制限用法**」ですが、解答方法は**チャレンジ問題 1** と同様です。まずは、カンマについては気にせず、空所によって、文を 2 つに分けてみましょう。

The company

was started just a few years ago is already expanding its business nationwide

この分け方はどうでしょうか。あらためて、関係詞は「**2 つの文の内容を 1 つの文にまとめ、相手に伝える**」という働きをします。しかし、1 つ目の文は、主語と動詞から成る文（節）の形ではありません。
また、2 つ目の文には、動詞にあたる部分 *was started* と *is already expanding* が 2 つ存在するので、不自然です。以下の形で 2 つに分ける必要があります。

The company is already expanding its business nationwide

(?) was started just a few years ago

　空所の前にある The company（先行詞）は、2つ目の文の（？）に「**代名詞の主格**」として置き換えることができます。したがって、「**関係代名詞の主格**」を正解に選びます。

> **補足**　関係詞を含む主語について
>
> 　関係詞を含む主語は、先行詞と関係詞の後に続く部分が、文中において「**主語**」としての働きをするものです。チャレンジ問題2の問題文を例に、この点について理解を深めましょう。
>
> <u>The company, which was started just a few years ago</u>, is already expanding its business nationwide.
>
> 　下線部に注目しましょう。この部分は、先行詞と関係代名詞 which の後に続く部分が、「その会社は、数年前に始まったばかりですが…」という意味内容で、文中において主語としての働きをしています。**Part 7**（長文読解問題）では、このような関係詞を含む、長い主語の文が出題されることがあります。この点については、**Unit 13**（詳細は、89〜90ページ参照）で説明します。

　Part 5 では、関係詞の問題が出題されたときは、以下の解答方法（60ページ解答ポイントに詳細を加えたもの）で正解を導きましょう。

> **関係詞の解答方法について**
>
> 1. 選択肢の中に疑問詞があり、また、問題文の文中に空所がある場合には、関係詞が問われていると見抜きましょう。
>
> 2. 問題文の文中にある空所によって、問題文を2つの文に分けましょう。
>   **注意**　問題文を2つに分けるときは、それぞれが、「**文 = 節（主語＋動詞〜）**」の形になるように分けましょう。ただし、関係代名詞の主格が問われている場合には、2つ目の文は、「主語＋動詞〜」の形になりません。
>
> 3. 空所の前にある先行詞が「**人**」または「**物**」のどちらであるのかを確認しましょう。
>
> 4. 2つ目の文の中で、先行詞が「**代名詞**」または「**副詞**」のどちらに置き換えることができるのかを考えましょう。
> ✓　「**代名詞**」として置き換えることができる場合は「**関係代名詞**」です。
>   **注意**　関係代名詞の場合には、代名詞の格に応じてその形が異なります。（55ページ『(5) 関係代名詞のまとめについて』参照）
> ✓　「**時や場所を表す副詞**」として置き換えることができる場合は「**関係副詞**」です。
>
> 5. 関係代名詞 what や関係副詞 why, how については、問題文の意味内容を確認して、それに合うものを正解に選びましょう。

短文空所穴埋め問題

次の英文の空所に当てはまるもっとも適切なものを選択肢の中から選びましょう。（解答時間：8分）

1. Clothing shops in the shopping mall are preparing for the next season's items ------- are coming in soon.

    (A) which
    (B) where
    (C) what
    (D) whom

2. The financial reform is ------- Ms. Swift achieved during her presidency at the company.

    (A) whose
    (B) what
    (C) how
    (D) when

3. One of the popular destinations ------- many people prefer to spend their vacations is Catalina Island.

    (A) which
    (B) that
    (C) how
    (D) where

4. Mr. Cole is a prominent saxophonist, ------- we would like to invite to our company's charity concert.

    (A) which
    (B) whose
    (C) whom
    (D) where

5. The questionnaire asks customers for their reasons ------- they chose the company's products.

    (A) that
    (B) why
    (C) what
    (D) who

6. The old movie star ------- popularity is evident even today now runs a chain of restaurants.

    (A) whose
    (B) when
    (C) that
    (D) who

7. The accuracy of a report entirely depends on ------- the sample data is collected and processed.

    (A) that
    (B) which
    (C) how
    (D) whose

8. The official date ------- the new community park opens has not been released yet to the citizens.

    (A) which
    (B) why
    (C) that
    (D) when

62　Essential English Grammar for TOEIC® Test

memo

IMAGINE

Unit 10 ▶▶ 時制 1（点の概念）

　この Unit では、英語の時制について説明します。皆さんは、母語である日本語の時制について、あまり意識することなく身に付けてきたと思います。当然のことながら、英語にも時制は存在します。しかし、日本語とは異なる言語ですから、英語のそれぞれの時制の形や働きについて十分に理解して、区別する必要があります。さらに重要なことは、それぞれの時制を個別の存在としてとらえるのではなく、お互いを関連づけながら整理して、時制のしくみを理解することです。そのため、英語の時制を理解するためには、他の文法項目よりも、論理的思考が求められます。

　この Unit で説明する内容は、**Part 5** で、時制の問題に対応することのみを目的とするのではなく、英語での日常的なコミュニケーションにつながるように配慮しています。時制のしくみを理解することで、TOEIC テストという枠組みを越え、日常生活における会話や文書の中で使われる英語の時制が表すより細かい「意味合い」を理解することができます。さらに、皆さんが英語を用いる際に、どの時制を使えば良いのかを判断する手助けにもなります。

　Unit 10 〜 11 では、時制を「点」と「線」という 2 つの概念に分けて説明します。この Unit では、「点」という概念について説明します。「現在形」、「現在進行形」、「過去形」、「過去進行形」、「未来表現」などの時制について理解を深めましょう。

1.「点」という概念について

　英語では、「ある一時点での動作や状態」について述べる場合には、「点」という概念でとらえます。

(1) 現在における「点」について

「現在という一時点での動作や状態」について述べる場合には、以下の 2 つの時制があります。

① 現在形

　現在形は、「現在の状態や習慣的行為」について述べる場合に用いられます。「状態」について述べる場合には「am, is, are」（「〜です」）を、「習慣的行為」について述べる場合には「動詞の現在形」（「〜します」）が用いられます。

●現在の状態について

> 例文 1：Dr. Winslet <u>is</u> one of the leading scientists in the field of electronics and automatic control systems.

例文の下線部に注目しましょう。Winslet 博士の現在の状態が述べられています。

●現在の習慣的行為について

> 例文 2：The store which is located in our neighborhood <u>opens</u> at 9 a.m. on weekdays and 10 a.m. on weekends.

この例文では、そのお店が平日は午前 9 時に、週末は午前 10 時に開店するという「**習慣的な行為**」が述べられています。また、例文の下線部に注目しましょう。習慣的な行為について述べる場合には、現在形が用いられますが、主語が 3 人称単数の場合には、動詞の語尾に "s" をつける必要があります。

② 現在進行形

現在進行形は、「**目の前で起こっていること（動作）**」について述べる場合に用いられます。「**am, is, are ～ ing**」という形で、「**～しています**」という意味です。

> 例文 3：The engineering team is discussing technical issues affecting the software development right now.

例文の下線部に注目しましょう。1 つ目の下線部は、*is discussing* という形で、現在進行形です。文末にある *right now*「今のところ」という語句が、目の前で起こっていることをさらに強調しています。また、注意すべき点は、*affecting*（2 つ目の下線部）です。語尾は～ *ing* の形ですが、これは Unit 4 で説明した「分詞」です。

(2) 過去における「点」について

「**過去という一時点での動作や状態**」について述べる場合には、以下の 2 つの時制があります。

① 過去形

過去形は、「**過去の一時点での事実（状態・動作）**」について述べる場合に用いられます。「**状態**」について述べる場合には「**was, were**」（「**～でした**」）を、「**動作**」について述べる場合には「**動詞の過去形**」（「**～しました**」）が用いられます。

●過去の状態の場合について

> 例文 1：Ms. Campbell was a designer at the company's design studio 3 months ago.

例文の下線部に注目しましょう。Campbell さんの過去のある一時点での事実（状態）が述べられています。

●過去の動作の場合について

> 例文 2：The first place winner of the fashion show chose the more attractive of the two prizes that were given by the sponsor.

例文の下線部に注目しましょう。過去のある一時点での動作が述べられています。

② 過去進行形

過去進行形は、「**過去のある一時点で、目の前で起こっていたこと（動作）**」について述べる場合に用いられます。「**was, were ～ ing**」という形で、「**～していました**」という意味です。

> 例文3：The workers were unloading cargo from the ships harbored at the dock this morning.

例文の下線部に注目しましょう。*this morning* という過去のある一時点で、目の前で起こっていたこと（動作）が述べられています。

(3) 未来における「点」について

「**未来という一時点での動作**」について述べる場合には、おもに、以下の5つの未来表現が用いられます。

① 現在形

現在形（特に動詞）は、「習慣的行為について述べる場合」に用いられる（64～65ページ参照）と説明しましたが、それ以外にも、「**未来を表す副詞（句）**」をともない、「**（集団、組織で取り決めたことを）～します**」について述べる場合にも用いられます。

> 例文1：The monthly luncheon meeting starts at noon tomorrow in Room 3 to discuss operational issues.

この例文では、「**月例の昼食会議という集団、組織での取り決め**」が述べられています。また、*at noon tomorrow* という未来を表す副詞句があることにも注目しましょう。

② 現在進行形

現在進行形は、「目の前で起こっていること（動作）について述べる場合」に用いらる（65ページ参照）と説明しましたが、それ以外にも、「**未来を表す副詞（句）**」をともない、「**（自ら積極的に決めた、近い未来の予定を）～します**」について述べる場合にも用いられます。

> 例文2：Mr. Edwards is meeting friends from his college days after work this evening.

例文の下線部に注目しましょう。「会います」という意味で、「**近い未来の予定**」が述べられています。また、*this evening* という近い未来を表す副詞句があることにも注目しましょう。

③ be going to（意図・見込み）

be going to は、「**（あらかじめの計画に基づいた）～するつもりです（意図）**」や「**～しそうです（見込み）**」について述べる場合に用いられます。

●意図について

> 例文3：Ms. Vergara is going to submit a report about office efficieny to her supervisor by next Wednesday.

● 見込みについて

> 例文 4：The flight is going to be delayed for several hours because of a mechanical problem.

　例文の下線部に注目しましょう。それぞれ、「提出するつもりです」や「遅れそうです」という意味で、「**意図**」や「**見込み**」が述べられています。

④　will be ～ ing
　中学・高校の英語授業では、*will be ～ ing* を「未来進行形」：「～してるでしょう・だろう（未来のある一時点での動作の進行）」という意味で学んだと思います。この表現には、それ以外にも、「**（外部の事情（成り行き）によって決まった予定を）～することになるでしょう・だろう**」について述べる場合にも用いられます。この未来表現は、TOEIC テストでは、後者の意味で出題される傾向にあるので、この Unit では、後者に焦点を当てます。

> 例文 5：Mr. Popler will be retiring from his position as President next month due to his company's mandatory retirement age.
>
> 注　*mandatory retirement age*「（規定で定められた）定年退職年齢」

　例文の下線部に注目しましょう。「退くことになるでしょう」という意味で、「**年齢という外部の事情によって決まった予定**」が述べられています。

⑤　will（単純未来・意志未来）
　will には、「**単純未来**」と「**意志未来**」という用法があります。前者は「**～するでしょう・だろう（未来に起こる動作についての漠然とした「予想」）**」、後者は、「**その場で思いついた考え**」、つまり、「**～しよう・するつもりです（「意志」）**」について述べる場合に用いられます。

● 単純未来について

> 例文 6：The sales of houses will increase within a 6-month period due to the economic recovery.

● 意志未来について

> 例文 7：Ms. Ferguson will go on summer vacation from July 7 to July 22 in the Virgin Islands.

　例文の下線部に注目しましょう。それぞれ、「増えるでしょう」や「（休暇を）とるつもりです」という意味で、未来に起こる動作について「**漠然とした予想**」や「**その場で思いついた意志**」が述べられています。
　これらの未来表現を分かりやすく理解するために、以下の表では、未来表現を「**動作が確実に起こる**」から「**動作が確実に起こるかどうか不明**」の順番に並べてまとめています。

未来表現

- **現在形**：（集団、組織での取り決めなどを）〜します
- **現在進行形**：（自ら積極的に決めた、近い未来の予定を）〜します
- *be going to*：〜するつもりです（意図）
  　　　　　　　〜しそうです（見込み）
- *will be 〜 ing*：（外部の事情（成り行き）によって決まった予定を）〜することになるでしょう・だろう
- *will*：〜するでしょう・だろう（単純未来）
  　　　　〜しよう・するつもりです（意志未来）

動作が確実に起こる
↓
動作が確実に起こるかどうか不明

> **注意** **be going to と will のちがい**
> *be going to* と *will* は、ともに「〜するつもりです」という訳ですが、伝えようとする意味合いが異なります。前者は、「あらかじめの計画に基づく意図」であり、後者は、「その場で思いついた意志未来」という意味合いです。しかし、**Part 5** では、このような意味合のちがいについては出題されません。

Part 5 では、時制の問題が出題されたときは、問題文の意味内容を確認して、それに合う時制を正解に選びますが、その際には「点」という概念だけではなく、**Unit 11** で説明する「線」という概念も理解していなければなりません。そのため、短文空所穴埋め問題は、**Unit 11** で取り扱います。

確認問題

次のまとめを読んで、空所に合う時制を選択肢から選び、記入しましょう。ただし、繰り返し使うものもあります。

―時制 1（点の概念）のまとめ―

1. 「現在」という点

　(1) 現在の状態（「〜です」）：(　　　　　　　　)

　(2) 習慣的行為（「〜します」）：(　　　　　　　　)

　(3) 現在進行形（「〜しています」）：(　　　　　　　　)

Essential English Grammar for TOEIC® Test

2.「過去」という点

　　(1) 過去の状態（「〜でした」）：(　　　　　　　　)

　　(2) 動作（「〜しました」）：(　　　　　　　　)

　　(3) 過去進行形（「〜していました」）：(　　　　　　　　)

3.「未来」という点

　　(1) 集団、組織での取り決めなど（〜します）：(　　　　　　　　)＋未来を表す副詞（句）

　　(2) 自ら積極的に決めた、近い未来の予定など（〜します）：(　　　　　　　　)＋未来を表す副詞（句）

　　(3) 意図（〜するつもりです）・見込み（〜しそうです）：(　　　　　　　　)

　　(4) 外部の事情（成り行き）によって決まった予定（〜することになるでしょう・だろう）：(　　　　　　　　)

　　(5) 単純未来（〜するでしょう・だろう）・意志未来（〜しよう・〜するつもりです）：(　　　　　　　　)

選択肢

am, is, are 〜 ing	will	動詞の現在形	am, is, are
be going to	was, were	will be 〜 ing	was, were 〜 ing
動詞の過去形			

Unit 10　時制1（点の概念）　　69

Unit 11 ▶▶ 時制 2（線の概念）

　Unit 10 では、時制を点という概念でとらえ、「**現在形**」、「**現在進行形**」、「**過去形**」、「**過去進行形**」、「**未来表現**」などについて説明しました。この Unit では、「**線**」という概念、「**現在完了形（過去から現在へつながる線）**」、「**過去完了形（過去から過去へつながる線）**」、「**未来完了形（過去または現在から未来へつながる線）**」などの時制について説明します。

　Part 5 では、問題文の意味内容を確認して、それに合うふさわしい時制を選ぶことができるかどうかが問われます。そのため、この Unit では、時制における「**線**」という概念について理解を深めましょう。そして、時制について全体的な理解を深めたうえで、 チャレンジ問題 に挑戦しましょう。さらに、時制の問題の解答方法を確認しましょう。

1. 現在完了形について

　現在完了形は、「**have（主語が 3 人称単数の場合には has）＋動詞の過去分詞**」という形で、「**過去から現在へつながる線**」を表わします。具体的には、以下の事柄について述べる場合に用いられます。

① 完了：「～したところです」
② 結果：「～してしまいました」
③ 経験：「～したことがあります」
④ 継続：「ずっと～です」（状態）、「ずっと～しています」（動作）

(1) 完了について

　現在完了形の「**完了**」は、「**現在より少し前（A 時点）に完了した動作が、現在の状況に影響を及ぼしている**」場合に用いられます。「**～したところです**」という意味です。

> 例文 1：Mr. Blanton has returned home from his business trip to Hong Kong this morning.

　例文の下線部に注目しましょう。「戻ってきたところです」という意味で、「**動作の完了**」が述べられています。この例文の意味内容を図で表すと、以下のようになります。

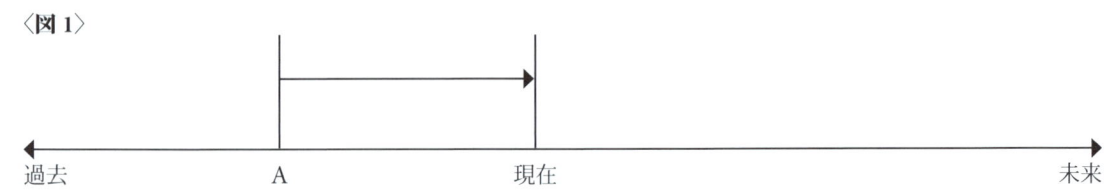

〈図 1〉

過去　　　　　A　　　　　現在　　　　　　　　　未来

次の例文を読んで比較してみましょう。

> 例文 2：Mr. Blanton returned home from his business trip to Hong Kong this morning.

　例文の下線部に注目しましょう。「戻りました」という意味で、すでに説明した「過去形」（65 ページ参照）が用いられています。過去形は、過去の一時点での事実（状態・動作）について述べる場合に用いられます。現在完了形の「戻ったところです」という訳とは意味合いが異なります。つまり、図 1 のような「過去から現在へつながる線」が見えません。

(2) 結果について

現在完了形の「**結果**」は、「**過去の一時点（A時点）での動作が、現在の状況に影響を及ぼしている**」場合に用いられます。「**〜してしまいました**」という意味です。

> 例文 3 ： All the trains have stopped because a signal failure happened this afternoon.

例文の下線部に注目しましょう。「止まってしまいました」という意味で、「過去の一時点（A時点）での動作が、現在の状況に影響を及ぼしている」様子、つまり、「**動作の結果**」が述べられています。この例文の意味内容を図で表すと、以下のようになります。

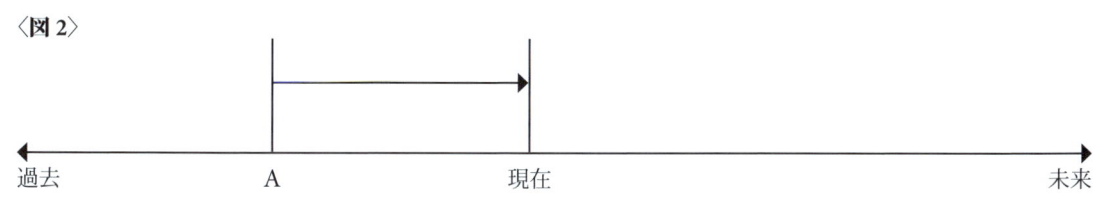

〈図 2〉

過去　　　　　A　　　　　現在　　　　　　　　　未来

次の例文を読んで比較してみましょう。

> 例文 4 ： All the trains stopped because a signal failure happened this afternoon.

例文の下線部に注目しましょう。「止まりました」という意味で、すでに説明した「過去形」(65 ページ参照) が用いられています。過去形は、過去の一時点での事実（状態・動作）を述べる場合に用いられます。現在完了形の「止まってしまいました」という訳とは意味合いが異なります。つまり、図 2 のような「過去から現在へつながる線」が見えません。

(3) 経験について

現在完了形の「**経験**」は、「**〜したことがあります**」という意味です。過去の一時点で「〜しました」という動作だけではなく、「過去から現在へつながる線」というとらえかたで、「**何かを行った経験がある**」場合に用いられます。

> 例文 5 ： Ms. Benway has worked as a manager at several branches of the fast-food chain before.

例文の下線部に注目しましょう。「以前…働いたことがあります」という意味で、「過去から現在へつながる線」というとらえかたで、マネージャーとして働いた「**経験**」があることが述べられています。この例文の意味内容を図で表すと、以下のようになります。

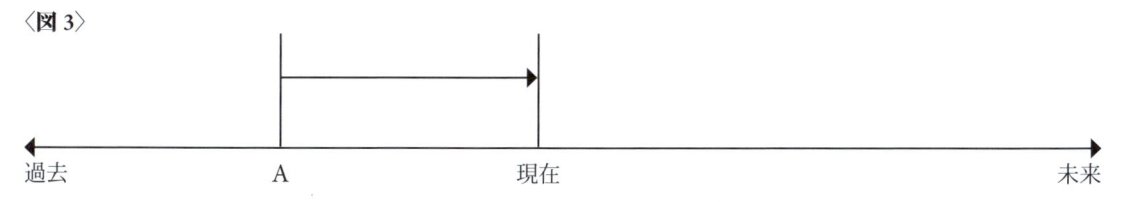

〈図 3〉

過去　　　　　A　　　　　現在　　　　　　　　　未来

次の例文を読んで比較してみましょう。

> 例文 6 ： Ms. Benway worked as a manager at several branches of the fast-food chain before.

例文の下線部に注目しましょう。「働きました」という意味で、すでに説明した「過去形」（65 ページ参照）が用いられています。過去形は、過去の一時点での事実（状態・動作）について述べる場合に用いられます。現在完了形の「〜したことがあります」という訳とは意味合いが異なります。つまり、図3のような「過去から現在へつながる線」が見えません。

> **注意　現在完了形（経験）とともに用いられる副詞（句）**
> 例文 5 でも用いられていますが、「経験」について述べる場合には、以下の副詞（句）をともないます。
> - 時を表すもの ― ever「今まで」（疑問文で用いる）/ never「一度も〜ない」（否定文で用いる）/ before「以前に」
> - 回数を表すもの ― once「1度、1回」/ twice「2度、2回」/ 〜 times「〜度、〜回」
> - 頻度を表すもの ― often「しばしば、たびたび、よく」

（4）継続について

現在完了形の「**継続**」には、過去から現在へつながる「**ずっと〜です**」（**状態**）と「**ずっと〜しています**」（**動作**）という2つの用法があります。

① 状態

> 例文 7：The video game has been very popular among families since it was launched in 2007.

例文の下線部に注目しましょう。2つ目の下線部は「2007 年に発売された」という意味で、「**過去の一時点**」（A 時点）を表しています。接続詞 since に注目しましょう。そのとき以来、現在に至るまで「（ずっと）とても人気がある」（1つ目の下線部）という「**現在まで継続している状況**」が述べられています。また、訳中の（ずっと）という部分は省略されることがあります。この例文の意味内容を図で表すと、以下のようになります。

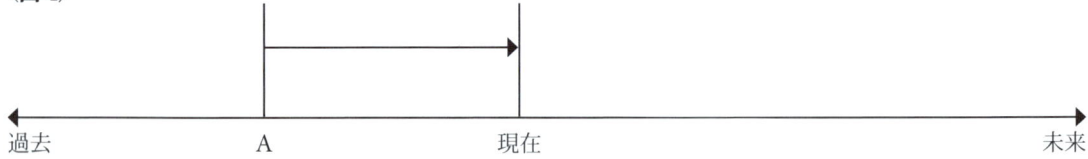

〈図 4〉

過去　　　A　　　現在　　　　　　未来

② 動作

動作の継続を表す場合は、「**現在完了進行形**」が用いられます。「**have（主語が 3 人称単数の場合には has）been 〜 ing**」という形で、「**（ずっと）〜しています**」という意味です。

> 例文 8：The company has been expanding its business into Asia and Europe over the past 3 years.

例文の下線部に注目しましょう。2つ目の下線部は「この 3 年間にわたって」という意味で、「**過去から現在へつながる線**」を表しています。その期間、その会社は事業を「（ずっと）拡大している」（1つ目の下線部）という「**動作が継続している状況**」が述べられています。また、訳中の（ずっと）という部分は省略されることがあります。この例文の意味内容を図で表すと、以下のようになります。

〈図5〉

```
過去 ─────────── A ────────→ 現在 ───────── 未来
```

| 注意 | **現在完了形（継続）とともに用いられる副詞句（節）**
例文7、8でも用いられていますが、「継続」について述べる場合には、以下の副詞句（節）をともないます。
● 過去の起点を表すもの
　　句 ─ since ～（時）「～以来」
　　節 ─ since ～（節）「～して以来」
● 期間を表すもの
　　句 ─ for ～（時）「～の間」／ for (over) the last (past) ～（時）「この～にわたって」 |

2. 過去完了形について

　過去完了形は、「**had＋動詞の過去分詞**」という形で、「**過去から過去へつながる線**」を表します。具体的には、以下の事柄について述べる場合に用いられます。

① 完了：「（過去の一時点には）～してしまっていました」
② 結果：「（過去の一時点には）～してしまったところです」
③ 経験：「（過去の一時点までには）～したことがありました」
④ 継続：「（過去の一時点まで）ずっと～でした」（状態）、「（過去の一時点まで）ずっと～していました」（動作）

(1) 完了について

　過去完了形の「**完了**」は、「**過去の一時点（A時点）を基準にして、そのときまでには動作が完了した**」場合に用いられます。「**（過去の一時点には）～してしまっていました**」という意味です。

> 例文1：The sales team had summarized its new sales plan when the meeting ended.

　例文の下線部に注目しましょう。2つ目の下線部は「会議が終わったとき」という「**過去の一時点**」（A時点）を表しています。そのときまでには「まとめてしまっていました」（1つ目の下線部）という「**動作の完了**」が述べられています。この例文の意味内容を図で表すと、以下のようになります。

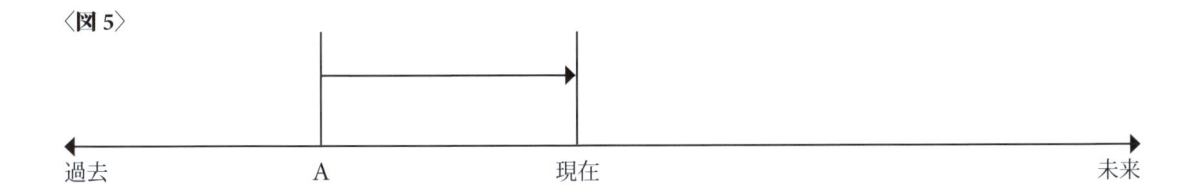

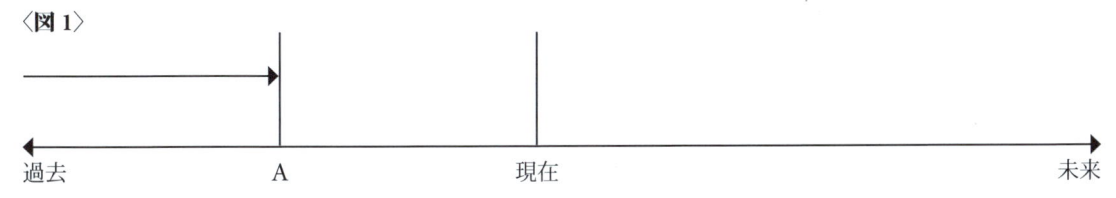

〈図1〉

```
過去 ─────────── A ────────── 現在 ───────── 未来
```

Unit 11　時制2（線の概念）　73

(2) 結果について

過去完了形の「**結果**」は、「**過去の一時点（A時点）での状況に対して、それよりも少し前の動作が影響を及ぼしている**」場合に用いられます。「**（過去の一時点には）～してしまったところです**」という意味です。

> 例文2：150 people had been evacuated from the building before fire crews arrived there.

例文の下線部に注目しましょう。2つ目の下線部は「消防士たちが到着した」という「**過去の一時点**」（A時点）を表しています。接続詞 *before* に注目しましょう。それ以前に「避難させられてしまったところです」（1つ目の下線部）という「**動作の結果**」が述べられています。この例文の意味内容を図で表すと、以下のようになります。

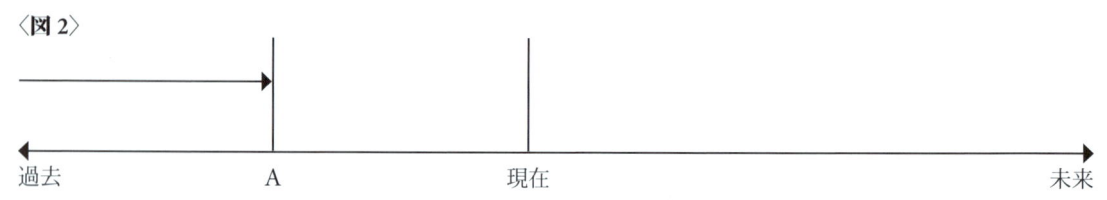

〈図2〉

過去　　　　　A　　　　　　　現在　　　　　　　　　　未来

(3) 経験について

過去完了形の「**経験**」は、「**過去の一時点（A時点）までに、ある動作を経験したことがあった**」場合に用いられます。「**（過去の一時点までには）～したことがありました**」という意味です。

> 例文3：Ms. Willis had worked at three branches of the company before she started working at its headquarters.

例文の下線部に注目しましょう。2つ目の下線部は「その会社の本社で働き始めた」という「**過去の一時点**」（A時点）を表しています。接続詞 *before* に注目しましょう。それ以前に「働いたことがありました」（1つ目の下線部）という「**動作の経験**」が述べられています。この例文の意味内容を図で表すと、以下のようになります。

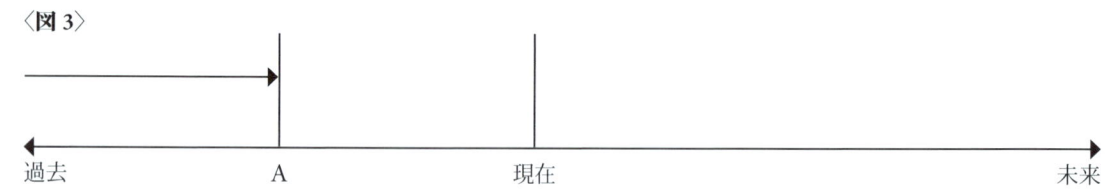

〈図3〉

過去　　　　　A　　　　　　　現在　　　　　　　　　　未来

(4) 継続について

過去完了形の「**継続**」には、過去のある一時点から別の過去の一時点まで「**ずっと～でした**」（**状態**）と「**ずっと～していました**」（**動作**）という2つの用法があります。

① 状態

> 例文4：The price of vegetables had been stable for months until a drought hit the region last month.

例文の下線部に注目しましょう。2つ目の下線部は「先週、その地域を干ばつが襲った」という「**過去の一時点**」（A 時点）を表しています。接続詞 *unitil* に注目しましょう。そのときまで「（ずっと）安定していました」（1つ目の下線部）という「**状態の継続**」が述べられています。また、訳中の（ずっと）という部分は省略されることがあります。この例文の意味内容を図で表すと、以下のようになります。

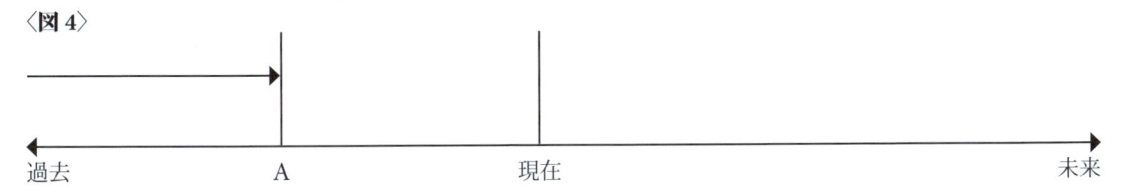

〈図 4〉

過去 ——————— A ——————— 現在 ——————— 未来

② **動作**

動作の継続を表す場合には、「**過去完了進行形**」が用いられます。「**had been ～ ing**」という形で、「**ずっと～していました**」という意味です。

> 例文 5：Mr. Copeland had been using incandescent light bulbs in his house before he switched to LED lights.

例文の下線部に注目しましょう。2つ目の下線部は「LED 電球に交換した」という「**過去の一時点**」（A 時点）を表しています。接続詞 *before* に注目しましょう。それ以前に「白熱電球を（ずっと）使っていました」（1つ目の下線部）という「**動作の継続**」が述べられています。また、訳中の（ずっと）という部分は省略されることがあります。この例文の意味内容を図で表すと、以下のようになります。

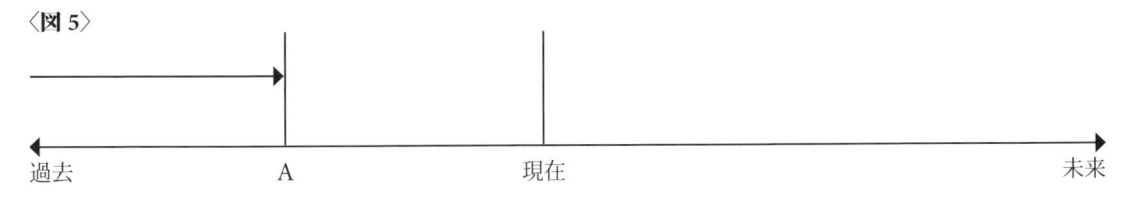

〈図 5〉

過去 ——————— A ——————— 現在 ——————— 未来

> **注意** **過去完了形とともに用いられる接続詞や前置詞**
> 例文でも用いられていますが、過去完了形を用いる場合には、「**過去の一時点を明らかにする**」必要があります。そのため、以下の接続詞で始まる節や、前置詞で始まる句をしばしばともないます。
> - 接続詞 — before「～する前に」/ when「～したとき」/ till, until「～までずっと」
> - 前置詞 — before「～の前に」/ till, until「～までずっと」

3. 未来完了形について

未来完了形は、「**will have ＋動詞の過去分詞**」という形で、「**過去または現在から未来へつながる線**」を表します。具体的には、以下の事柄について述べる場合に用いられます。

① 完了：「（未来の一時点までには）～してしまっているでしょう」
② 結果：「（未来の一時点までには）～してしまったところでしょう」
③ 経験：「（未来の一時点までには）～したことになるでしょう」
④ 継続：「（未来の一時点まで）ずっと～であることになるでしょう」（状態）

(1) 完了について

　未来完了形の「**完了**」は、「**未来の一時点（A 時点）を基準にして、そのときまでには、動作が完了している**」場合に用いられます。「**（未来の一時点までには）～してしまっているでしょう**」という意味です。

> 例文 1：The mobile phone company <u>will have introduced</u> five new models by <u>this summer</u>.

　例文の下線部に注目しましょう。2 つ目の下線部は「今年の夏」という「**未来の一時点**」（A 時点）を表しています。前置詞 *by* に注目しましょう。そのときまでには「導入してしまっているでしょう」（1 つ目の下線部）という「**動作の完了**」が述べられています。この例文の意味内容を図で表すと、以下のようになります。

〈図 1〉

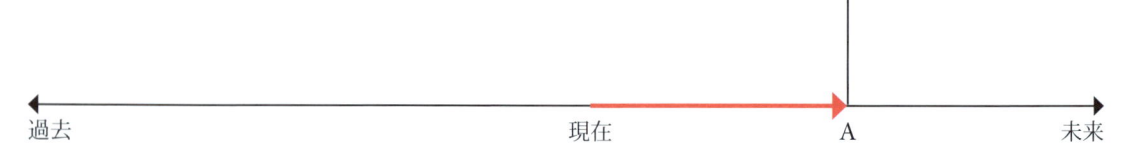

```
←─────────────────────────┼─────────━━━━━▶│─────────→
過去                      現在             A           未来
```

(2) 結果について

　未来完了形の「**結果**」は、「**未来の一時点（A 時点）を基準にして、そのときまでには、結果として何かが起こっている**」場合に用いられます。「**（未来の一時点までには）～してしまったところでしょう**」という意味です。

> 例文 2：The factory <u>will have received</u> the results of the fire inspection conducted by the fire department <u>next week</u>.

　例文の下線部に注目しましょう。2 つ目の下線部は「来週」という「**未来の一時点**」（A 時点）を表しています。そのときまでには「火災安全点検の結果を受け取ってしまったところでしょう」（1 つ目の下線部）という「**動作の結果**」が述べられています。この例文の意味内容を図で表すと、以下のようになります。

〈図 2〉

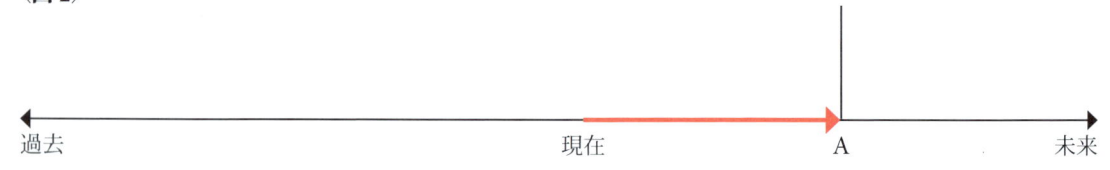

```
←─────────────────────────┼─────────━━━━━▶│─────────→
過去                      現在             A           未来
```

(3) 経験について

　未来完了形の「**経験**」は、「**未来の一時点（A 時点）を基準にして、そのときまでには、何か（動作）を経験している**」場合に用いられます。「**（未来の一時点までには）～したことになるでしょう**」という意味です。

> 例文 3：Ms. Barry <u>will have served</u> her community as a librarian for 30 years <u>when she retires next month</u>.

　例文の下線部に注目しましょう。2 つ目の下線部は「来月退職するとき」という「**未来の一時点**」（A 時点）を表しています。そのときまでには「尽くしてきたことになるでしょう」（1 つ目の下線部）という「**動作の経験**」が述べられています。この例文の意味内容を図で表すと、以下のようになります。

〈図3〉

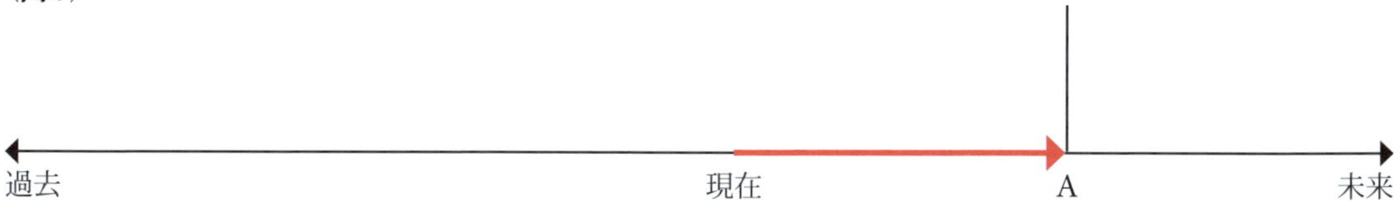

過去 ←——————————→ 現在 ————→ A ←—————→ 未来

> **注意** 時や条件を表す副詞節
> 例文3：Ms. Barry will have served her community as a librarian for 30 years when she retires next month.
>
> 下線部と矢印に注目しましょう。「来月退職するとき」どうしたのかと聞かれれば、おそらく皆さんは、「…尽くしてきたことになるでしょう」と答えると思います。これら2つの部分には意味上のつながりがあります。Unit 6（39ページ参照）でも説明したように、接続詞 when で始まる従属節が、文中で「副詞」としての働きをしている「副詞節」であることが分かります。さらに、副詞節では、例文のように、未来の事柄を表現するときでも、動詞は「現在時制」が用いられます。

(4) 継続について

未来完了形の「継続」は、「**未来の一時点（A 時点）を基準にして、そのときまである状態が続いている**」場合に用いられます。「**（未来の一時点まで）ずっと～であることになるでしょう**」という意味です。

> 例文4：Coner Pharmacy in downtown Portland will have been in business for 130 years this May.

例文の下線部に注目しましょう。2つ目の下線部は「この5月」という「**未来の一時点**」（A 時点）を表しています。そのときまで「130 年間（ずっと）営業したことになるでしょう」（1つ目の下線部）という「**状態の継続**」が述べられています。また、訳中の（ずっと）という部分は省略されることがあります。この例文の意味内容を図で表すと、以下のようになります。

〈図4〉

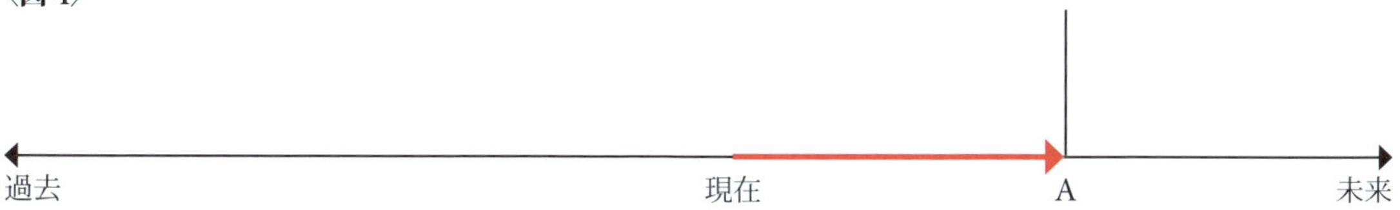

過去 ←——————————→ 現在 ————→ A ←—————→ 未来

> **注意** 未来完了形とともに用いられる句・節
> 例文でも用いられていますが、未来完了形を用いる場合には、「**未来の一時点を明らかにする**」必要があります。そのため、以下の句や、「時や条件を表す副詞節」をしばしばともないます。
> ● 句 — at the end of ～（時）「～の終りには」 / by（期限）「～までには」 / next week [month, year]「来週［来月、来年］」 / this ～（時）「この～」（例：this May「この5月」）など
> ● 節 — when や if などで始まる、時や条件を表す副詞節「～したとき・もし～したら」

Unit 10 の冒頭でも説明したように、英語の時制を理解するためには論理的思考が必要です。まずは「点」と「線」という2つの概念でとらえる必要があります。「点」の場合には、「現在」、「過去」、「未来」の3つの点があり、それぞれの点で用いられる英語の時制があります。

また、「線」の場合には、その線にはどのようなつながりがあるのかを判別する必要があります。この Unit で説明してきたように、以下の3つの線があります。

- ✓ 「過去から現在へつながる線」 ➡ 「現在完了形」
- ✓ 「過去から過去へつながる線」 ➡ 「過去完了形」
- ✓ 「過去または現在から未来へつながる線」 ➡ 「未来完了形」

確認問題

はじめに、日本語を読み、下線部の時制が「点」または「線」のどちらであるのかを判別しましょう。「点」の場合には、いつの点であるのか、また、「線」の場合には、どのような線であるのかを判別しましょう。次に、その判別に基づき、英文のカッコ内の動詞をふさわしい形にかえましょう。

1. そのテレビゲームは 2007 年に発売されて以来、多くの家庭で（ずっと）とても人気があります。

   The video game (be) very popular among families since it was launched in 2007.

2. この3年間にわたって、その会社は事業をアジアやヨーロッパに（ずっと）拡大しています。

   The company (expand) its business into Asia and Europe over the past 3 years.

3. 私たちの近所にあるそのお店は、平日は午前9時に、週末は午前10時に開店します。

   The store which is located in our neighborhood (open) at 9 a.m. on weekdays and 10 a.m. on weekends.

4. Benway さんは以前、そのファーストフードチェーン店のいくつかの店舗でマネージャーとして、働いたことがあります。

   Ms. Benway (work) as a manager at several branches of the fast-food chain before.

5. Willis さんは、その会社の本社で働き始めるまで、3つの支店で働いたことがありました。

   Ms. Willis (work) at three branches of the company before she started working at its headquarters.

6. Popler 氏は、定年退職のため、来月、社長の座から退くことになるでしょう。

   Mr. Popler (retire) from his position as President next month due to his company's mandatory retirement age.

7. Barryさんは、来月退職するとき、30年間、図書館員として地域社会に<u>尽くしてきた</u><u>ことになるでしょう</u>。

   Ms. Barry (serve) her community as a librarian for 30 years when she retires next month.

8. 景気回復のため、6ヶ月間のうちに、住宅の売り上げが<u>増えるでしょう</u>。

   The sales of houses (increase) within a 6-month period due to the economic recovery.

9. この5月で、Portlandの中心街にあるConer Pharmacyは、130年間（ずっと）営業したことになるでしょう。

   Coner Pharmacy in downtown Portland (be) in business for 130 years this May.

10. 先月、干ばつがその地域を襲うまで、野菜の価格は何ヶ月間も（ずっと）<u>安定していました</u>。

    The price of vegetables (be) stable for months until a drought hit the region last month.

11. 作業員たちは、今朝、港に停泊中の船から積み荷を<u>降ろしていました</u>。

    The workers (unload) cargo from the ships harbored at the dock this morning.

12. LED電球に交換するまで、Copelandさんは自宅で白熱電球を（ずっと）<u>使っていました</u>。

    Mr. Copeland (use) incandescent light bulbs in his house before he switched to LED lights.

13. Campbellさんは、3ヶ月前、その会社のデザインスタジオのデザイナー<u>でした</u>。

    Ms. Campbell (be) a designer at the company's design studio 3 months ago.

14. 消防士たちが到着する前に、150人の人々がそのビルから<u>避難させられました</u>。

    150 people (be evacuated) from the building before fire crews arrived there.

4. 時制問題の解答方法について

チャレンジ問題 に挑戦し、**Part 5** で、「時制の問題が出題されたときの解答方法」を確認しましょう。

チャレンジ問題 1

次の英文の空所に当てはまるもっとも適切なものを選択肢の中から選びましょう。（解答時間：30 秒）

Last Tuesday's storm ------- a broad and serious impact on the movement of goods across the southwest region.

(A) had
(B) have
(C) has
(D) having

チャレンジ問題 2

次の英文の空所に当てはまるもっとも適切なものを選択肢の中から選びましょう。（解答時間：30 秒）

The download sales of the Latin music -------- quite successful over the past few weeks.

(A) will be
(B) was
(C) have been
(D) is

Part 5 では、時制の問題が出題されたときは、以下の解答方法で正解を導きましょう。

時制についての問題の解答方法について

1. 選択肢の中に異なる時制の動詞があることを確認しましょう。

2. 問題文の中の「時」についての表現に注目しましょう。

3. 問題文が「点」または「線」のどちらの概念でとらえることができるのかを判別しましょう。

4. 「線」という概念の場合には、どのような線であるのかを判別しましょう。

✓ 「過去から現在へつながる線」➡「現在完了形」
✓ 「過去から過去へつながる線」➡「過去完了形」
✓ 「過去または現在から未来へつながる線」➡「未来完了形」

Part 5 では、これまで説明してきた時制の問題が全般的に出題されますが、特に、「未来表現」：*will be 〜 ing*、「現在完了形」や「未来完了形」の「経験」や「継続」（「線」という概念を表す表現をともないます）がよく出題されます。

短文空所穴埋め問題

次の英文の空所に当てはまるもっとも適切なものを選択肢の中から選びましょう。（解答時間：4分）

1. The two countries -------- to cooperate with each other on trade and investment last year.

    (A) agrees
    (B) agree
    (C) agreed
    (D) have agreed

2. The spa resort -------- both foreign and domestic tourists since the early 20th century.

    (A) was attracting
    (B) attracts
    (C) is attracting
    (D) has been attracting

3. At the end of an exciting golf tour, Mr. Christensen -------- a speech now after receiving the Player of the Year award.

    (A) makes
    (B) is making
    (C) made
    (D) has been making

4. The group of researchers -------- shortly to discuss several issues which arose during their recent experiment.

    (A) had met
    (B) was meeting
    (C) met
    (D) will be meeting

5. It remains unclear whether the international exhibition -------- as scheduled this coming June.

    (A) was held
    (B) has been held
    (C) will be held
    (D) had been held

6. The new contemporary art museum in New York -------- to the public next Saturday.

    (A) opens
    (B) has opened
    (C) opened
    (D) was opening

7. Ms. Phelps -------- as a secretary for 3 years when the company celebrates its 50th anniversary next month.

    (A) is working
    (B) will have worked
    (C) has worked
    (D) had been working

8. Mr. Acton ------- a report regarding the new employee evaluation system before the deadline yesterday.

    (A) had summarized
    (B) has summarized
    (C) will be summarizing
    (D) summarizes

Unit 11　時制2（線の概念）　81

Unit 12 ▶▶ 仮定法

　皆さんが高校でも学んだことがある「仮定法」は、「**実現性の乏しい内容**」について述べる場合に用いられる表現です。仮定法には以下の表現があります。

- ✓　仮定法過去完了：「**過去の事実に反することを仮定する**」
- ✓　仮定法過去：「**現在の事実に反することを仮定する**」
- ✓　仮定法未来：「**未来において起こりそうもないこと（「万一（ひょっとして）～したら」）を仮定する**」

　この Unit で説明する内容は、Unit 10 ～ 11 における「時制」の説明と同様に、**Part 5** で、仮定法の問題に対応することのみを目的とするものではなく、英語での日常的なコミュニケーションにつながるように配慮しています。仮定法のしくみを理解することで、TOEIC テストという枠組みを越え、日常生活における会話や文書の中で使われる英語の仮定法が表すより細かい「意味合い」を理解することができます。さらに、皆さんが英語を用いる際に、どの仮定法を使えば良いのかを判断する手助けにもなります。

　Part 5 では、「**仮定法過去**」と「**仮定法過去完了**」による表現を理解することができるかどうかが問われます。この Unit では、まずは、仮定法について理解を深めましょう。そして、 チャレンジ問題 に挑戦しましょう。さらに、仮定法の問題が出題されたときの解答方法を確認しましょう。

1. 仮定法の形について

　仮定法の基本的な形は、「**If 節（主語＋動詞 ～）**」で始まり、その後に「**主節（主語＋動詞 ～）**」（文の中心＝文の中で一番伝えたい情報）が続きます。以下の例文を通して、仮定法の形について理解を深めましょう。

> 例文 1：*If* Mr. Bassett *completed* his assignment, / he *would attend* the workshop that is scheduled
> 　　　　　　　　　　　If 節　　　　　　　　　　　　　　　　　　　　　　　主節
> for this Thursday evening.

　例文に注目しましょう。まず、仮定法の形としては、「If 節」と、その後に続く「主節」で構成されています。次に、例文のイタリック体の語句に注目しましょう。「…完了していれば」と「…参加するのですが」という意味内容で、現在の事実に反することを仮定する「**仮定法過去**」が用いられています。

　If 節で始まる仮定法は形が決まっています。まずは、以下の表で、それぞれの形と意味を確認しましょう。

仮定法	If 節	主節	意 味
仮定法過去完了	If＋主語＋had＋動詞の過去分詞〜	would, could, might＋have＋動詞の過去分詞…	もし〜した(〜であった)ならば、…だったのですが ＊過去の事実に反すること
仮定法過去	If＋主語＋動詞の過去形〜 ＊be 動詞は、常に、"were" が用いられます	would, could, might＋動詞の原形…	もし〜する(〜である)ならば、…のですが ＊現在の事実に反すること
仮定法未来	If＋主語＋should＋動詞の原形〜	主語＋can, may, will などの助動詞が用いられることがあります	万一(ひょっとして)〜したなら ＊未来において起こりそうもないこと

2. 主節における助動詞の使いわけについて

以下の表で、仮定法過去と仮定法過去完了における主節の助動詞の使い分けについてまとめます。

仮定法過去	仮定法過去完了
● would＋動詞の原形 〜：〜する(〜である)のですが ● could＋動詞の原形 〜：〜できるのですが ● might＋動詞の原形〜：〜する(〜である)かもしれないのですが	● would have＋動詞の過去分詞 〜：〜した(〜であった)のですが ● could have＋動詞の過去分詞 〜：〜できたのですが ● might have＋動詞の過去分詞 〜：〜した(〜であった)かもしれないのですが

3. If 節の中の動詞の時制について

　仮定法過去完了は、「**過去の事実に反すること**」を仮定する場合に用いられ、If 節の中の動詞の時制は「**過去完了形**」が用いられます。この過去完了形は、Unit 11 (73 〜 75 ページ参照) で説明したものと同じ形ですが、過去完了形の意味合い (過去から過去の一時点までの動作の「完了」、「結果」、「経験」や状態や動作の「継続」) とは異なるので、注意しましょう。

　次に、仮定法過去は「**現在の事実に反すること**」を仮定する場合に用いられ、If 節の中の動詞の時制は「**過去形**」になります。また、be 動詞の場合には、主語の単数・複数にかかわらず、常に *were* が用いられます。

　最後に、仮定法未来は「**未来において起こりそうもないこと**」を仮定する場合に用いられます。If 節の中にある「**助動詞：should**」の使い方に注意しましょう。よく知られている「〜すべきです」という意味の「義務」や「助言」を表すものとは異なります。

4. If 節が主節の後に置かれる場合について

If 節が主節の後に置かれることもあります。以下の例文2を通して、確認しましょう。

> 例文2：*Mr. Bassett* would attend the workshop that is scheduled for this Thursday evening / if
> 　　　　　　　　　　　　　　　　　　　　主節
> *he* completed his assignment.
> 　　　　If 節

> **注意** 例文1とまったく同様の内容ですが、If 節が主節の後に置かれる場合、通常はカンマ (,) を必要としません。また、それぞれの節の中にあるイタリック体の語句に注目しましょう。If 節の置かれる位置がかわったので、それぞれが言い換えられています。しかし、そのことによって、英文自体の意味はかわりません。

チャレンジ問題1

次の英文の空所に当てはまるもっとも適切なものを選択肢の中から選びましょう。（解答時間：30秒）

> If Mr. Sheen -------- about his friend's visit to Greenville, he would have booked a table at the restaurant.
>
> (A) was know　　　　　(C) had known
> (B) is knowing　　　　 (D) will be knowing

5. 仮定法における注意すべき点について

(1) 仮定法の出題傾向について

仮定法が難しいと感じるのは、『1. 仮定法の形について』（83ページ参照）でも説明したように、特有な時制が用いられるからです。**Part 5** では、この点について理解しているかどうかを問う問題も出題されますが、別の視点からの出題もあります。先ほどの チャレンジ問題1 を、別の視点からとらえた チャレンジ問題2 に挑戦しましょう。

チャレンジ問題2

次の英文の空所に当てはまるもっとも適切なものを選択肢の中から選びましょう。（解答時間：30秒）

> -------- Mr. Sheen had known about his friend's visit to Greenville, he would have booked a table at the restaurant.
>
> (A) As soon as　　　　(C) Unless
> (B) If　　　　　　　　(D) While

(2) 仮定法未来について

「仮定法未来」は「**未来において起こりそうもないこと**」を仮定する場合に用いられます。「**万一（ひょっとして）～したら**」という意味です。

> 例文3：If customers should need assistance with ordering our products online, our customer service representatives will be happy to assist them.

例文の下線部に注目しましょう。If 節の中にある should は、「万一（ひょっとして）～したら」という意味です。

> **注意** **仮定法未来における If の省略による倒置**
> **Part 5** では、仮定法未来の問題が出題されることは稀です。しかし、**Part 7**（長文読解問題）では、以下の形で、出題されることがあります。
>
> 例文：Our company has provided an online ordering service in response to requests from our customers. Should customers need assistance with ordering our products online, our customer service representatives will be happy to assist them.
>
> 例文の下線部に注目しましょう。Should で文が始まっているため、皆さんは、この文（them の後）は疑問符 "？" で終わるべきであると思うかもしれません。しかし、疑問符はありません。この例文は「**仮定法未来**」だからです。If 節の中にある If が省略されたので「**倒置**」が起こり、文頭に should が置かれ、「**Should ＋ 主語 ＋ 動詞の原形～、主節…**」という語順になります。なお、この倒置によって、英文自体の意味内容はかわりません。

Part 5 では、仮定法の問題が出題されたときは、以下の解答方法で正解を導きましょう。

> **仮定法についての問題の解答方法について**
>
> 1. **Part 5** では、「**仮定法過去**」と「**仮定法過去完了**」が中心に出題されます。
> 2. 文頭が If であることを確認しましょう。（If 節が主節の後に置かれる場合もあるので注意しましょう）
> 3. 問題文の中に仮定法特有の形（83 ページを参照）があるかどうかを確認して、「仮定法過去」または「仮定法過去完了」のどちらが問われているのかを判別しましょう。
> 4. 仮定法の問題には、文頭の If を正解に選ぶ問題も出題されるので注意しましょう。

Unit 12　仮定法　　85

短文空所穴埋め問題

次の英文の空所に当てはまるもっとも適切なものを選択肢の中から選びましょう。（解答時間：3分）

1. If Ms. Coolidge -------- more time before the deadline, she could make her sales summary report even better.

    (A) has had
    (B) is having
    (C) had
    (D) have

2. Many people might be interested in space travel if it -------- available at an affordable price.

    (A) has been
    (B) were
    (C) will be
    (D) had been

3. If the album had been released last summer, it -------- more commercially successful than expected.

    (A) is
    (B) will be
    (C) will have been
    (D) would have been

4. If the company -------- the strategic approach to meet the increasing demand of its customers, it would have lost its market share.

    (A) had not adopted
    (B) will not adopted
    (C) did not adopted
    (D) was not adoped

5. If there had been a proper occasion, the professional baseball player -------- his retirement in front of media reporters.

    (A) was announcing
    (B) might have announced
    (C) announced
    (D) might announce

6. The software company will lose its recognizable figure for the first time in its 40-year history if Mr. Harigton --------.

    (A) depart
    (B) departed
    (C) should depart
    (D) will be departing

Essential English Grammar for TOEIC® Test

memo

KNOW

Unit 13 ▶▶ 動詞の形

この Unit では、「主語に続く動詞の形」について説明します。動詞の形について注意しなければならないことが 3 点あります。1 点目は「受動態」です。「能動態」（「～する」）とは異なり、「～される」という意味です。また、動詞の形も異なります。2 点目は「分詞や関係詞を含む主語に続く動詞の形」です。そして、3 点目は「接続詞を含む主語に続く動詞の形」です。まずは、チャレンジ問題に挑戦しましょう。そして、これらの動詞の形について理解を深めましょう。

1. 受動態について

受動態は「～される」という意味で、その基本的な形は「be 動詞＋動詞の過去分詞」です。しかし、時制や助動詞により、さまざまな形や意味になります。

Part 5 では、問題文の意味内容を確認して、それに合う受動態を選ぶことができるかどうかが問われます。まずは、チャレンジ問題に挑戦しましょう。そして、受動態について理解を深めましょう。

チャレンジ問題 1

次の英文の空所に当てはまるもっとも適切なものを選択肢の中から選びましょう。（解答時間：30 秒）

> Meals ------- in the price of the 1-week workshop that will be held at the resort at the end of June.
>
> (A) including   (C) are included
> (B) included   (D) are including

Part 5 では、受動態の問題が出題されたときは、選択肢の中に受動態があるので、問題文の意味内容を確認して、受動態がそれに合うかどうかを判断することが、正解への近道です。以下では確認問題を通して、受動態の代表的な形について理解を深めましょう。

確認問題

次の日本語の意味内容に合うように、各英文の文末にあるカッコ内の動詞を正しい形にしましょう。

1. その会社の研究所は、最新のセキュリティシステムで守られています。

   The company's laboratory _____ by the latest security system. (protect)

2. 最初のデジタルカメラは、1996 年に市場に導入されました。

   The first digital camera _____ to the market in 1996. (introduce)

3. 新しい社名ロゴのデザインが来週の早い段階で初公開されるでしょう。

   The design of a new company logo _____ early next week. (unveil)

4. Ruby's Diner は 1998 年以来、もっとも質の高い食事を出すレストランとして選ばれています。

   Ruby's Diner _____ as the best quality restautrant since 1998. (choose)

5. その美しい木箱は、20 世紀初頭まで長年の間、手で作られてきました。

   The beautiful wooden boxes _____ for many years until the early 20th century. (handcraft)

6. その映画の公開は今度の 4 月で 3 ヶ月間延期されたことになるでしょう。

   The release of the movie _____ for 3 months by this coming April. (postpone)

7. 話題になっている新しいコピー機が、会社のオフィスに設置されています。

   A new copy machine _____ in the company's office as we speak. (install)

8. 必要のない新聞紙が、社員用として会社によって注文されていました。

   Unnecessary copies of newspapers _____ by the company for staff use. (order)

2. 分詞や関係詞を含む主語の場合について

　Unit 4, 9 でも説明したように、英語には、分詞や関係詞を含む主語があります。そのような主語は、必然的に長くなるので、主語がどこからどこまでなのかを判断することが重要です。

　Part 5 では、分詞や関係詞を含む主語を確認して、その中の「**実際の主語（真主語）**」を見極め、後に続く動詞の形を選ぶことができるかどうかが問われます。まずは、チャレンジ問題 に挑戦しましょう。そして、分詞や関係詞を含む主語について理解を深めましょう。さらに、このような問題が出題されたときの解答方法を確認しましょう。

(1) 分詞の場合について

チャレンジ問題 2

次の英文の空所に当てはまるもっとも適切なものを選択肢の中から選びましょう。（解答時間：30 秒）

> The new radio-controlled toy launched a few months ago ------- only available through the company's website.
>
> (A) were (C) is
> (B) are (D) have been

(2) 関係詞の場合について

チャレンジ問題 3

次の英文の空所に当てはまるもっとも適切なものを選択肢の中から選びましょう。（解答時間：30 秒）

> Ms. Reimer who started working as a sales representative at the company in 1985 ------- as president last month.
>
> (A) was appointed (C) was appointing
> (B) appoints (D) appointed

　TOEIC テストに限らず、英文を読むときは、どこからどこまでが主語であるのかということに常に注意する必要があります。また、分詞や関係詞を含む主語の後でも、意味内容によっては、受動態が続く場合もあるので注意しましょう。

　Part 5 では、分詞や関係詞を含む主語の後に続く動詞の形が問われたときは、以下の解答方法で正解を導きましょう。

> 分詞や関係詞を含む主語の後に続く動詞の形を問う問題の解答方法について
>
> 1. 選択肢の中に動詞のさまざまな形があることを確認しましょう。
>
> 2. 分詞の場合 ➡ 問題文の中に動詞の「**現在分詞（～ ing）**」や「**過去分詞（～ ed** *不規則変化もあり）**」があるので注意しましょう。
>
> 3. 関係詞の場合 ➡ 問題文の中に疑問詞など（関係代名詞 that の場合もあり）があるので注意しましょう。
>
> 4. 文頭から空所の前までを主語ととらえ、その中にある真主語を見極めましょう。
>
> 5. 真主語や問題文の意味内容に合う動詞の形を選びましょう。

3. 接続詞を含む主語の場合について

　分詞や関係詞を含む主語と同様に、**Unit 6 ～ 7** でも説明したように、「**接続詞**」（等位接続詞 and や 組で使

われる表現 both A and B など）を含む主語の場合にも、その後に続く動詞の形に注意する必要があります。

　Part 5 では、問題文の中にある接続詞を含む主語を見極め、それに続く動詞の形を選ぶことができるかどうかが問われます。まずは、チャレンジ問題 に挑戦しましょう。そして、接続詞を含む主語の後に続く動詞の形について理解を深めましょう。

チャレンジ問題 4

次の英文の空所に当てはまるもっとも適切なものを選択肢の中から選びましょう。（解答時間：30 秒）

> Excellent verbal and written communication skills ------- for the position of Training Program Manager.
>
> (A) require　　　　　　　　(C) are required
> (B) is required　　　　　　(D) requiring

　and や both A and B によって名詞（句）がつなげられた場合の主語は、「足し算」の考え方で「複数扱い」になりますが、以下の注意点があります。

注意 1　**等位接続詞 and の例外的用法**

等位接続詞 and によって名詞がつなげられた場合の主語は、通常、「複数扱い」ですが、例外もあります。以下の例文を通して、確認しましょう。

例文：A plate of food on a table looks more appetizing <u>if a knife and fork is placed</u> next to it.

例文の下線部に注目しましょう。if 節の主語は、接続詞 and を含む a knife and fork です。「ナイフ」と「フォーク」という2つのものなので、「複数扱い」のように思えますが、主語に続く be 動詞は is です。その理由は、a knife and fork のように、2つのものが組み合わさり、1つの機能や役割を果たす場合には、接続詞を含む主語を「単数扱い」としてとらえるからです。しかし、**Part 5** では、このような接続詞 and の使い方を問う問題は出題されません。

注意 2　**不可算名詞を and や both でつなげた場合**

information「情報」に代表されるように、「量」の概念でとらえる名詞は「不可算名詞」と呼ばれ、「単数扱い」です。しかし、and や both によってつなげられた場合、主語の扱いはどのようになるのでしょうか。以下の例文を通して、確認しましょう。

例文：<u>Both information and communication technology are</u> equally important to enhance businesses.

例文の下線部に注目しましょう。Both information and communication technology がこの文の主語です。information「情報」と communication techonology「通信技術」はともに「不可算名詞」です。しかし、and や both によってつなげられた場合には、「足し算」の考え方で、「複数扱い」になります。

　Part 5 では、接続詞 and や both A and B 含む主語の問題が出題されたときは、それを「複数扱い」としてとらえ、問題文の意味内容を確認して、それに合う動詞を正解に選びましょう。

Unit 13　動詞の形　91

短文空所穴埋め問題

次の英文の空所に当てはまるもっとも適切なものを選択肢の中から選びましょう。（解答時間：3分）

1. Letters to the editor of the local newspaper concerning the product recall ------- by either fax or e-mail.

   (A) can be sent
   (B) can send
   (C) send
   (D) sent

2. The ongoing maintenance of the elevators serving floors 1 to 10 ------ to end no later than 3 p.m.

   (A) schedule
   (B) is scheduling
   (C) is scheduled
   (D) scheduled

3. The old movie star whose popularity is evident even today now ------- a chain of restaurants.

   (A) run
   (B) runs
   (C) ran
   (D) running

4. Most of the items sold at the museum gift shop ------ by the area's most creative artists.

   (A) are handcrafting
   (B) are handcrafted
   (C) handcrafts
   (D) is handcrafted

5. My supervisor, Mr. Jameson, ------- to one of our company's branches in Malaysia recently.

   (A) transfer
   (B) has been transferring
   (C) are transferring
   (D) has been transferred

6. DigitalGlobal and GeoTech ------- to a merger to form a new telecommunication company last week.

   (A) agreed
   (B) agrees
   (C) are agreed
   (D) agreeing

memo

CONSTRUCT

Unit 14 ▶▶ 注意すべき前置詞

　Unit 7 でも「**前置詞**」について説明しましたが、この Unit では、そこで説明していない前置詞で、**Part 5** でよく出題されるものを説明します。具体的には、「**期間**」、「**所要時間**」、「**〜以来（から）**」、「**場所**」、「**手段**」、「**期限**」、「**継続**」、「**〜の間で**」などの意味を持つものです。
　Part 5 では、問題文の意味内容を確認して、それに合う前置詞を選ぶことができるかどうかが問われます。まずは、チャレンジ問題 に挑戦しましょう。そして、前置詞についてさらに理解を深めましょう。

1.「時」を表す前置詞について

　「時」を表す前置詞は、これまで、Unit 7（42 ページ参照）や Unit 11（72 〜 73、75、78 ページ参照）の「現在完了形」、「過去完了形」、「未来完了形」の項目で説明しました。しかし、あらためて説明が必要なものやこれまで説明していないもので、よく出題されるものがあります。まずは、それらの前置詞について理解を深めましょう。そして、チャレンジ問題 に挑戦しましょう。

確認問題 1

次のそれぞれの日本語の意味に合う前置詞を選択肢から選び、空所に記入しましょう。正解は一つとはかぎりません。

意　　味	前　置　詞
（ある特定の期間）〜の間ずっと	
（所要時間）〜のうちに	
〜以来（から）	

選択肢

since	during	through
in	throughout	over

(1)「期間（〜の間ずっと）」を表す前置詞について

チャレンジ問題 1

次の英文の空所に当てはまるもっとも適切なものを選択肢の中から選びましょう。（解答時間：30 秒）

The download sales of the Latin music have been quite successful -------- the past few weeks.

　(A) between　　　　　　(C) over
　(B) until　　　　　　　(D) among

94　　Essential English Grammar for TOEIC® Test

チャレンジ問題 2

次の英文の空所に当てはまるもっとも適切なものを選択肢の中から選びましょう。（解答時間：30 秒）

About 30,000 people attended the health and fitness event held in Marietta ------ the weekend.

(A) between　　　　　(C) by
(B) since　　　　　　(D) through

注意 1　前置詞 over
Unit 11（73 ページ参照）でも説明した前置詞 *over* の使われ方（*over the past ~*（時）「この～にわたって」）に注意しましょう。日本語訳は「～にわたって」ですが、「ある特定の期間」を表します。*over* の代わりに *during, through, throughout* が用いられることがあります。

注意 2　前置詞 through
through「～の間ずっと」の代わりに *during, over, throughout* が用いられることがあります。

(2)「所要時間（～のうちに）」を表す前置詞について

チャレンジ問題 3

次の英文の空所に当てはまるもっとも適切なものを選択肢の中から選びましょう。（解答時間：30 秒）

Ordered products are usually delivered to our customers ------- 2 working days depending on stock availability.

(A) since　　　　　　(C) until
(B) in　　　　　　　(D) between

注意　前置詞 in
前置詞 *in* には、ある物事を行うために必要とされる時間、つまり、「～のうちに（所要時間）」という意味があります。

(3)「〜以来（から）」を表す前置詞について

チャレンジ問題 4

次の英文の空所に当てはまるもっとも適切なものを選択肢の中から選びましょう。（解答時間：30 秒）

Ms. Hundley has been on vacation ------- Thursday and will be back to work next month.

(A) since
(B) in
(C) between
(D) throughout

> **注意** 前置詞 since
> Part 5 では、現在完了形とともに用いられる前置詞がしばしば問われ、特に since を正解とする問題がよく出題されます。

2.「場所（〜のいたるところで）」を表す前置詞について

「場所」を表す代表的な前置詞には、in や at「〜に」（後者のほうが心理的に狭い「地点」をさす）がありますが、本書では、Part 5 でよく出題される前置詞について説明します。まずは、チャレンジ問題 に挑戦しましょう。そして、そのような前置詞について理解を深めましょう。

チャレンジ問題 5

次の英文の空所に当てはまるもっとも適切なものを選択肢の中から選びましょう。（解答時間：30 秒）

This autumn, the company's new video game will soon be available ------- retail stores nationwide.

(A) among
(B) by
(C) during
(D) throughout

> **注意** 前置詞 throughout
> 前置詞 throughout には、『1.「時」を表す前置詞について』（95 ページ参照）でも説明したように「（ある特定の期間）〜の間ずっと」という時間的な意味がありますが、その他にも「場所（〜のいたるところで）」という意味もあります。throughout の代わりに through が用いられることがあります。

3.「手段（〜を通して）」を表す前置詞について

Part 5 でよく出題される前置詞には、「手段（〜を通して）」を表すものがあります。まずは、チャレンジ問題 に挑戦しましょう。そして、そのような前置詞について理解を深めましょう。

チャレンジ問題 6

次の英文の空所に当てはまるもっとも適切なものを選択肢の中から選びましょう。（解答時間：30秒）

> The company constantly monitors the quality of its service ------- customer surveys.
>
> (A) since (C) through
> (B) between (D) over

注意 1 前置詞 through が持つ「手段」の意味
前置詞 through には、「（ある特定の期間）〜の間ずっと」と「〜のいたるところで」という意味以外にも、「**手段（〜を通して）**」という意味もあります。ただし、throughout には「手段」の意味はありません。

注意 2 前置詞 through が持つ「〜を通って」という意味
前置詞 through には、これまで説明してきた意味以外のものがあります。以下の例文を通して、確認しましょう。

例文：Ms. Lavigne came into the meeting room <u>through</u> the front door while we were discussing a new project.

例文の下線部に注目しましょう。「前方のドアを通って」という意味です。

4.「期限（〜までには）」と「継続（〜までずっと）」を表す前置詞について

これらは、Unit 11（75、78ページ参照）でも説明した前置詞ですが、TOEICテストに限らず、日常生活で英語を使うときにも混同しがちです。まずは、これらのちがいについて理解を深めましょう。そして、 チャレンジ問題 に挑戦しましょう。

確認問題 2

次の日本語の意味内容に合うように、英文の空所にふさわしい前置詞を記入しましょう。

1. The price of vegetables had been stable for several months ( ) last week.

   先週までの数ヶ月間ずっと、野菜の価格は安定していました。

2. The mobile phone company will have introduced five new models ( ) this summer.

   その携帯電話会社は、今年の夏までには、新しい機種5種類を導入しているでしょう。

☆ヒント☆
- 問題1は日本語の「先週までの数ヶ月間ずっと」という部分に注目しましょう。
- 問題2は日本語の「今年の夏までには」という部分に注目しましょう。

注意 1 　**前置詞 by と till, until のちがい**
前置詞 by には「期限（～までには）」という意味があります。一方、前置詞 till, until には「継続（～までずっと）」という意味があります。

注意 2 　**前置詞 till, until**
Unit 11（75 ページ参照）でも説明したように、過去完了形を含む文において till, until が用いられる場合、その後に「節」を導く「接続詞」として用いられることもあります。

チャレンジ問題 7

次の英文の空所に当てはまるもっとも適切なものを選択肢の中から選びましょう。（解答時間：30 秒）

The discount coupon offered by the supermarket is valid ------- next Thursday, July 4.

(A) over　　　　　　　　(C) between
(B) until　　　　　　　　(D) by

5.「～の間で」を表す前置詞について

英語においては、「2 人、2 つのものの間で」と「3 人、3 つ以上のものの間で」という場合では、異なる前置詞が用いられます。まずは、これらのちがいについて理解を深めましょう。そして、 チャレンジ問題 に挑戦しましょう。

確認問題 3

次の日本語の意味内容に合うように、英文の空所にふさわしい前置詞を記入しましょう。

1. Sponsorship has been sealed (　　　　) the oil company and the auto racing team.

   石油会社と自動車レースチームの間で、スポンサー契約が結ばれました。

2. Hiking in the forest is recently becoming popular (　　　　) senior citizens.

   年配の人々の間で、森林でハイキングすることが近ごろ人気になってきています。

☆ヒント☆
- 問題 1 は日本語の「石油会社と自動車レースチームの間で」という部分に注目しましょう。
- 問題 2 は日本語の「年配の人々の間で」という部分に注目しましょう。

> **注意** **前置詞 between と among のちがい**
> 前置詞 between には「(2人、2つのもの) の間で」という意味があります。一方、前置詞 among には「(3人、3つ以上のもの) の間で」という意味があります。
> - between A and B「A と B の間で」
> - between two ~（可算名詞の複数形）「(2人、2つのもの) ~ の間で」
> - among ~（可算名詞の複数形）「(3人、3つ以上のもの) ~ の間で」

チャレンジ問題 8

次の英文の空所に当てはまるもっとも適切なものを選択肢の中から選びましょう。（解答時間：30 秒）

> A cooperative relationship ------- different sections is essential for the growth of a company.
>
> (A) among (C) till
> (B) since (D) during

Part 5 では、前置詞の問題が出題されたときは、問題文の空所の前後のみから問題を解くことは難しいため、問題文の意味内容を確認して、それに合うものを選ぶ方法が、正解への近道です。

短文空所穴埋め問題

次の英文の空所に当てはまるもっとも適切なものを選択肢の中から選びましょう。（解答時間：3 分）

1. All ferry services to Manly are suspended ------- next Monday due to the approaching hurricane.

   (A) among
   (B) by
   (C) during
   (D) till

2. The Swedish chef became famous ------- the country by appearing on the nationally televised popular cooking show.

   (A) between
   (B) among
   (C) throughout
   (D) until

3. The regional sales director is responsible for maintaining a good relationship ------- customers and the company.

   (A) over
   (B) among
   (C) between
   (D) through

4. The company is expecting to expand its market ------- the merger with its competing company.

   (A) through
   (B) during
   (C) among
   (D) throughout

5. Mr. Blanton, who is in charge of the sales department, will return home from his business trip to Paris ------- a week.

   (A) by
   (B) in
   (C) over
   (D) between

6. The sales of the company's product have doubled ------- the beginning of the Christmas shopping season.

   (A) until
   (B) among
   (C) in
   (D) since

memo

BUILD

Unit 15 ▶▶▶ その他注意すべき英文法項目

　この最終 Unit では、その他の注意すべき英文法項目として、「不定詞」と「名詞（句）を修飾する語句」について説明します。Part 5 では、他の英文法項目と比べると、これら 2 つの英文法項目の出題は少ないようですが、特に不定詞は、英文読解においても必要不可欠です。

　まずは、それぞれの英文法項目について理解を深めましょう。そして、チャレンジ問題 に挑戦しましょう。さらに、これら英文法項目の出題パターンと解答方法を確認しましょう。

1. 不定詞について

不定詞は「**to ＋動詞の原形**」という形で、おもに以下の 3 つの用法があります。

✓　　**名詞的用法**：「〜すること」
✓　　**形容詞的用法**：「〜するための」
✓　　**副詞的用法**：「〜するために」

確認問題 1

次の各英文の下線部に注意して、日本語訳を完成させましょう。

1. Local residents strongly objected to the government's decision <u>to build</u> a wind farm in their town.

   地元住民は、彼らの町に風力発電所を（　　　　　　　　　　）政府の決定に、強く反対しました。

2. Many downtown businesses have decided <u>to stay</u> open late on Friday evenings during the summer.

   注　stay open late：「（商店）夜遅くまで営業する」

   中心街の多くのお店は、夏の間の金曜日は夜遅くまで（　　　　　　　　　　）を決定しました。

3. The government has spent a considerable amount of time and money <u>to make</u> the highway safer.

   注　make 〜 safer：「〜をより安全にする」

   高速道路を（　　　　　　　　　　）、政府はかなりの時間とお金を費やしてきました。

Essential English Grammar for TOEIC® Test

> **チャレンジ問題 1**
>
> 次の英文の空所に当てはまるもっとも適切なものを選択肢の中から選びましょう。（解答時間：30秒）

> A group of fitness instructors is offering ------- local school children with free fitness classes.
>
> (A) providing　　　　　　(C) provided
> (B) provide　　　　　　　(D) to provide

> **不定詞の出題傾向と解答方法について**
>
> **Part 5** では、不定詞の「**名詞的用法（～すること）**」がよく出題されます。不定詞の問題が出題されたときは、問題文の空所の前後のみから問題を解くことは難しいため、問題文の意味内容を確認して、不定詞がそれに合うかどうかを確かめる方法が、正解への近道です。

2. 名詞（句）を修飾する語句について

Unit 2（13ページ参照）でも説明したように、名詞には、「**数**」でとらえる「**可算名詞**」と「**量**」でとらえる「**不可算名詞**」があります。また、名詞（句）を修飾する語句にはさまざまなものがありますが、本書では、**Part 5** でよく出題されるものについて説明します。

まずは、名詞（句）を修飾する語句について理解を深めましょう。特に注意すべき点は、修飾される名詞（句）が「**単数扱い**」、「**複数扱い**」のどちらなのかということです。Unit 13 でも説明したように、「**主語**」の後に続く「**動詞の形**」には要注意です。次に、チャレンジ問題 に挑戦しましょう。

(1) a few / a little「少しの～」と few / little「～がほとんどない」について

a few / a little と *few / little* の後に名詞（句）が続く場合には、以下のパターンがあります。

- a few ＋可算名詞の複数形「少しの～」（複数扱い）
- a little ＋不可算名詞「少しの～」（単数扱い）
- few ＋可算名詞の複数形「～がほとんどない」（複数扱い）
- little ＋不可算名詞「～がほとんどない」（単数扱い）

　　注　後に名詞句が続くこともあります。

後に続く名詞（句）によって、「単数扱い」、「複数扱い」が決まるので注意しましょう。

> 例文 1：<u>A few staff members from our section</u> are going to attend the exhibition held in Honolulu.

> 例文 2：<u>Little information</u> is available as to the detail of the company's new headquarters.

例文の下線部に注目しましょう。例文 1 では、*A few staff members from our section*「私たちの課の数名の社員」がこの例文の主語であり、真主語である *staff members* は「**可算名詞（複数形）**」です。そして、その後には *are* という be 動詞が続いています。つまり、*a few* を含む名詞句は「**複数扱い**」です。

一方、例文 2 では、*Little information*「情報がほとんどない」がこの例文の主語であり、真主語である *information* は「**不可算名詞**」です。そして、その後には *is* という be 動詞が続いています。つまり、*little* を含む名詞句は「**単数扱い**」です。

(2) all「すべての〜」について

all の後に名詞（句）が続く場合には、以下のパターンがあります。

1. all＋可算名詞の複数形（複数扱い）
2. all＋不可算名詞（単数扱い）
3. all＋the＋可算名詞の複数形（複数扱い）
4. all＋the＋不可算名詞（単数扱い）
5. all＋代名詞の所有格＋可算名詞の複数形（複数扱い）
6. all＋代名詞の所有格＋不可算名詞（単数扱い）
7. all＋形容詞＋可算名詞の複数形（複数扱い）
8. all＋形容詞＋不可算名詞（単数扱い）
9. all＋数詞＋可算名詞の複数形（複数扱い）

後に続く名詞（句）によって、「単数扱い」、「複数扱い」が決まるので注意しましょう。また、これら 9 つの表現は、常に、個別に使われるわけではありません。例文 3 のように、*all* の後には、名詞を修飾する語が複合的に用いられることもあります。

> 例文 3：All the five new products added to the company's product line are now becoming popular among customers.

例文の下線部に注目しましょう。文頭にある *All* から *products*（名詞）までがこの例文の主語ですが、その間は、「the＋five（数詞）＋new（形容詞）」という語順です。このように、名詞を修飾する語が複合的に用いられています。

(3) any「どのような〜でも」について

「どのような〜でも」という意味の *any* の後に名詞（句）が続く場合には、以下のパターンがあります。

- any＋可算名詞の単数形（単数扱い）
- any＋不可算名詞（単数扱い）

  注 後に名詞句が続くこともあります。

any が、「どのような〜でも」という意味を表す場合には、「**単数扱い**」なので注意しましょう。

> 例文 4：Any full-time employee is eligible to participate in the company's retirement plan.

例文の下線部に注目しましょう。*Any full-time employee*「どのような正社員でも」がこの例文の主語であり、真主語である *employee* は「**可算名詞**」です。さらに、その後には *is* という be 動詞の形が続いています。つまり、*any* を含む名詞句は「**単数扱い**」です。

(4) each「それぞれの〜」について

each の後に名詞（句）が続く場合には、以下のパターンがあります。

- each ＋可算名詞の単数形（単数扱い）
- each of ＋可算名詞の複数形（単数扱い）

  注　後に名詞句が続くこともあります。

これらの形は、常に「**単数扱い**」なので注意しましょう。

例文 5：Each team member <u>plays</u> an important role for the success of the program.

例文の下線部に注目しましょう。*Each team member*「それぞれのチームメンバー」がこの例文の主語ですが、その後には *plays* という動詞が続いています。つまり、*each* を含む名詞句は「**単数扱い**」です。

例文 6：Each of the works in the exhibition <u>includes</u> Asian and African ceramics which date back to the 12th century.

例文の下線部に注目しましょう。*Each of the works in the exhibition*「展覧会のそれぞれの作品」がこの例文の主語ですが、その後には *includes* という動詞が続いています。つまり、*each* を含む名詞句は「**単数扱い**」です。

(5) every「どの〜も・すべての〜」について

every の後に名詞（句）が続く場合には、以下のパターンがあります。

- every ＋可算名詞の単数形 〜（単数扱い）

  注　後に名詞句が続くこともあります。

この形は、常に「**単数扱い**」なので注意しましょう。

例文 7：Every international traveler <u>buys</u> insurance products for medical emergency abroad today.

例文の下線部に注目しましょう。*Every international traveler*「どの（すべての）海外旅行者も」がこの例文の主語ですが、その後には *buys* という動詞が続いています。つまり、*every* を含む名詞句は「**単数扱い**」です。

　以上が、名詞（句）を修飾する語句についての説明です。これらを含む名詞句が主語になるとき、「単数扱い」、「複数扱い」のどちらになるのかが重要です。以下の表にまとめます。

単 数 扱 い	複 数 扱 い
● a little＋不可算名詞：「少しの〜」 ● little＋不可算名詞：「〜がほとんどない」 ● all＋不可算名詞：「すべての〜」 ● any＋可算名詞の単数形：「どのような〜でも」 ● any＋不可算名詞：「どのような〜でも」 ● each＋可算名詞の単数形：「それぞれの〜」 ● each of＋可算名詞の複数形：「それぞれの〜」 ● every＋可算名詞の単数形：「どの〜も・すべての〜」 　注　後に名詞句が続くこともあります。	● a few＋可算名詞の複数形：「少しの〜」 ● few＋可算名詞の複数形：「〜がほとんどない」 ● all＋可算名詞の複数形：「すべての〜」 　注　後に名詞句が続くこともあります。

また、これらの表現は例文の 8 のように、「文中」で用いられることもあります。

例文 8：Questionnaires were distributed to each participant at the end of the workshop.

例文の下線部に注目しましょう。*each participant*「それぞれの参加者に」がこの例文の中で「目的語」としての働きをしています。

チャレンジ問題 2

次の英文の空所に当てはまるもっとも適切なものを選択肢の中から選びましょう。（解答時間：30 秒）

Any picture on this Website ------- strictly prohibited for commercial use or publication.

(A) to be　　　　　　　　(C) is
(B) are　　　　　　　　　(D) being

チャレンジ問題 3

次の英文の空所に当てはまるもっとも適切なものを選択肢の中から選びましょう。（解答時間：30 秒）

Ms. West had ------- time to go over the document before starting her presentation.

(A) each　　　　　　　　(C) few
(B) little　　　　　　　　(D) neither

Part 5 では、名詞（句）を修飾する語句の問題が出題されたときは、以下の解答方法で正解を導きましょう。

名詞を修飾する語句の出題パターンと解答方法について

以下の 2 つの出題パターンがあります。

1. 名詞（句）を修飾する語句を含む主語があり、その後に続く動詞の形を選ぶ問題
2. 空所の後に名詞（句）があり、その名詞（句）を修飾する語句を選ぶ問題

これら 2 つの解答方法は、
➡ どちらのパターンにせよ、106 ページでまとめた表の内容を思い出しましょう。そして問題文の意味内容を確認して、それに合うものを正解に選びましょう。

確認問題 2

次の日本語の意味に合うように、空所に当てはまるものを選択肢から選び、記入しましょう。ただし、繰り返し使うものもあります。また、それぞれの表現が「単数扱い」、「複数扱い」のどちらであるのかを判別しましょう。

1. 「どのような〜でも」：（　　　　　）＋可算名詞の単数形（　　　　　）扱い

2. 「〜がほとんどない」：（　　　　　）＋可算名詞の複数形（　　　　　）扱い

3. 「それぞれの〜」：（　　　　　）＋可算名詞の単数形（　　　　　）扱い

4. 「少しの〜」：（　　　　　）＋不可算名詞（　　　　　）扱い

5. 「どの〜も・すべての〜」：（　　　　　）＋可算名詞の単数形（　　　　　）扱い

6. 「すべての〜」：（　　　　　）＋可算名詞の複数形（　　　　　）扱い

7. 「どのような〜でも」：（　　　　　）＋不可算名詞（　　　　　）扱い

8. 「〜がほとんどない」：（　　　　　）＋不可算名詞（　　　　　）扱い

9. 「それぞれの〜」：（　　　　　）of＋可算名詞の複数形（　　　　　）扱い

10. 「すべての〜」：（　　　　　）＋不可算名詞（　　　　　）扱い

11. 「少しの〜」：（　　　　　）＋可算名詞の複数形（　　　　　）扱い

選択肢

all	any	a little	each
every	few	little	a few

短文空所穴埋め問題

次の英文の空所に当てはまるもっとも適切なものを選択肢の中から選びましょう。（解答時間：4分）

1. This booklet is mandatory reading for ------- employee that will be working in the company.

    (A) few
    (B) all
    (C) every
    (D) little

2. All the money raised through the charity ------- donated to the local hospital to upgrade its medical equipment.

    (A) are
    (B) being
    (C) is
    (D) is to

3. The government agency announced ------- the polls which were originally set for September 20.

    (A) delays
    (B) delay
    (C) delayed
    (D) to delay

4. ------- trainees showed immediate improvement after taking the lecturer's advice.

    (A) Every
    (B) A few
    (C) Each
    (D) A little

5. The company's executives have repeatedly declined ------- on the exact cause of the profit loss.

    (A) to comment
    (B) comments
    (C) commented
    (D) comment

6. It is reported that this summer's weather had ------- effect on the price of agricultural commodities.

    (A) each
    (B) little
    (C) few
    (D) every

7. Airlines may refuse to provide transportation to ------- passenger on the basis of safety under the law.

    (A) all
    (B) a few
    (C) a little
    (D) any

8. Each first aid kit ------- frequently used items such as masks, gloves, bandages, tapes, and alcohol wipes.

    (A) containing
    (B) contains
    (C) to contain
    (D) contain

memo

memo

EXPLORE

【著者紹介】
アーロン キャルコート（A. S. Calcote）東京情報大学 教授
岩崎 光一（Kouichi Iwasaki）拓殖大学 准教授
先川 暢郎（Nobuo Sakikawa）拓殖大学 教授
大東 真理（Mari Daito）拓殖大学 特任講師
矢ヶ崎 邦彦（Kunihiko Yagasaki）浦和実業学園高等学校 教諭

著作権法上，無断複写・複製は禁じられています。

Essential English Grammar for TOEIC® Test [B-785]

TOEIC® テスト英文法徹底攻略

第1刷　2015年3月20日
第5刷　2023年8月30日

著　者	アーロン キャルコート	A. S. Calcote
	岩崎光一	Kouichi Iwasaki
	先川暢郎	Nobuo Sakikawa
	大東真理	Mari Daito
	矢ヶ崎邦彦	Kunihiko Yagasaki

発行者　南雲一範　Kazunori Nagumo
発行所　株式会社　南雲堂
　　　　〒162-0801　東京都新宿区山吹町361
　　　　NAN'UN-DO Publishing Co., Ltd.
　　　　361 Yamabuki-cho, Shinjuku-ku, Tokyo 162-0801, Japan
　　　　振替口座:00160-0-46863
　　　　TEL: 03-3268-2311（営業部：学校関係）
　　　　　　 03-3268-2384（営業部：書店関係）
　　　　　　 03-3268-2387（編集部）
　　　　FAX: 03-3269-2486

編集者　丸小　雅臣
表　紙　奥定　泰之
組版・印刷　啓文堂
装　丁　Nスタジオ
検印省略
コード　ISBN978-4-523-17785-2 C0082

Printed in Japan

落丁・乱丁，その他不良品がございましたら，お取り替えいたします。

E-mail　nanundo@post.email.ne.jp
URL　https://www.nanun-do.co.jp/